ILSE ROENNPAGEL
Mein Leben als Urwaldhebamme

ILSE ROENNPAGEL

Mein Leben als Urwaldhebamme

Über die Autorin:

Sr. Ilse Roennpagel war Diakonisse und von 1955 bis 1993 als Missionarin und Hebamme für die Marburger Mission in Brasilien. Bis zu ihrem Tod im Jahr 2016 hielt die „Mae do Povo" (Mutter des Volkes) Kontakt zu vielen Kindern, denen sie zum Start ins Leben half.

Bibliografische Information der Deutschen Bibliothek
Die Deutsche Bibliothek verzeichnet diese Publikation in der Deutschen Nationalbibliografie; detaillierte bibliografische Daten sind im Internet über http://dnb.ddb.de abrufbar.

ISBN 978-3-86827-700-5
© 2018 by Verlag der Francke-Buchhandlung GmbH
35037 Marburg an der Lahn
Umschlagbilder: © iStockphoto.com / -strizh & missbobbit
Umschlaggestaltung: Verlag der Francke-Buchhandlung GmbH
Satz: Verlag der Francke-Buchhandlung GmbH
Printed in Czech Republic

www.francke-buch.de

Inhalt

Vorwort zur Erstausgabe im Jahr 2007

Schwester Ilse, die Urwaldhebamme, lernten meine Frau und ich 1989 kennen. Damals bereiteten wir uns selbst auf unseren Weg nach Brasilien vor. Sie hat uns in ihrer freundlichen und liebevollen Art sehr viel Mut gemacht für unsere Zukunft.

Später erlebte ich immer wieder, wie die Menschen an ihren Lippen hingen, wenn sie erzählte, wie sie zur Mutter des Volkes wurde, wie die Menschen sie nannten.

Darum freue ich mich, dass sie es gewagt hat, mit 80 Jahren noch *in die Computerwelt einzusteigen, um persönlich* einige Episoden ihres Lebens als Hebamme im brasilianischen Urwald in diesem Buch festzuhalten.

Rainer Becker
Direktor der Marburger Mission

Über dieses Buch

Schwester Ilse konnte man einfach nicht überse-
hen. Mit ihrer fröhlichen und hilfsbereiten Art
hat sie mich schon beeindruckt, als ich noch der
Jugendleiter unserer lokalen EC-Gemeinde in
Curitiba, Brasilien war. Später trafen wir uns wie-
der, als sie im Innern von Parana als Missionarin
aktiv war und ich als Mitbegründer von RTM/
ERF-Brasil die Radioarbeit in Sao Paulo leitete.
Öfter kam sie in unser Studio, um die Sendungen
„Die Urwaldhebamme" aufzunehmen. Da ha-
ben wir oft herzlich miteinander gelacht und uns
gemeinsam über Gottes wunderbares Wirken im
Urwald gefreut. Schwester Ilse hat es erlebt, wie
Jesus Christus auch heute noch die Hoffnung der
Armen und der Heiland der Kranken ist.

Edmund Spieker
International Ministry Director bei
Churches in Missions

Gottes wunderbare
Führung in meinem Leben

Im Rückblick auf mein Leben kann ich nur staunen und Gott preisen, der meinem Leben einen festen Grund, einen bleibenden Inhalt und ein unverrückbares Ziel gab. Er hat mich wunderbar geführt und am Leben erhalten und Herzenswünsche nach seinem Plan erfüllt.

Ich wurde am 16. August 1924 in Gotha in Thüringen geboren. Meine Kindheit war nicht leicht, da die Ehe meiner Eltern zerbrach. Mein Bruder und ich litten sehr darunter, ohne Vater aufzuwachsen. Ich erinnere mich noch gut an ein Erlebnis aus meiner frühen Kindheit. Ich muss ungefähr drei oder vier Jahre alt gewesen sein: Meine Mutter betete mit mir. Über meinem Kinderbett hing ein Bild mit einem knienden Kind vor einem Bett und einem Engel, der das Kind beschützte. So kniete auch ich vor meinem Bettchen und betete das Kindergebet, welches meine Mutter mich gelehrt hatte: „Ich bin klein, mein Herz mach rein, soll niemand drin wohnen, als Jesus allein." Ich fragte meine Mutter, ob sie auch dieses Gebet bete, doch sie verneinte es und sagte, sie bete das „Vaterunser im Himmel". Da horchte ich auf und sagte: „Mutti, dann haben wir also doch einen Vater im Himmel?"

Oft stand ich vor dem Fenster in unserer Mansardenwohnung und sah in den Himmel hinauf. Ich wollte doch so gern Kontakt zu meinem Vater im Himmel haben. Und wieder waren Wolken am Himmel, und ich konnte meinen Vater nicht sehen. Mein Kinderherz hatte sehr darunter gelitten.

Jahre später entdeckte ich beim persönlichen Bibellesen im Epheserbrief, Kapitel 3, die Verse: *„Deshalb beuge ich meine Knie vor dem Vater, der der rechte Vater ist über alles, was da Kinder heißt im Himmel und auf Erden."* In der Bibel, die ich immer mehr schätzen und lieben gelernt hatte, stand also, dass ich einen richtigen Vater hatte. Mein Herz jubelte. Wie wunderbar wusste Gott an jenes Erlebnis aus den frühen Kindheitstagen anzuknüpfen!

Schon als Kind hörte ich mit großem Interesse die biblischen Geschichten, die uns zwei Diakonissen jeden Sonntag erzählten. Besonders die Missionsgeschichten und Biographien gesegneter Missionare, wie zum Beispiel Friedrich Traub und Hudson Taylor, oder die Missionsberichte der Missionare der Marburger Mission, die in Yünnan (China) waren, fesselten mein Kinderherz. Ich kannte sie alle mit Namen und betete für sie. Das Missionieren übte ich auch selbst, indem ich anderen Kindern erzählte, wie sehr der Herr Jesus sie liebte. Natürlich sang ich mit Inbrunst: *„Da draußen bei den Heiden scheint die Sonne so heiß, da lebt so manches Kindlein, das vom Heiland nichts weiß."* Und erst recht: *„Sterbend ein armer Zigeunerknab' wacht, ihm ward die Botschaft des Lebens gebracht, hell horcht er auf, ist es Wahrheit, er fragt: Niemand hat je mir vom Heiland gesagt."* Dann der Kehrreim: *„Sag's noch einmal, sag's noch einmal, sag's immer wieder, bis keiner mehr klagt: Niemand hat je mir vom Heiland gesagt."*

Als ich ungefähr elf Jahre alt war, erzählte uns eine Missionarin, die gerade in Deutschland war, mit strahlendem Gesicht von ihrem entsagungsvollen Dienst für Jesus. Sie berichtete von ihrer achtjährigen Gefangenschaft in Sibirien, von Wanzen, Flöhen und anderem Ungeziefer und von mancherlei Entbehrungen. Sie hatte solch eine Ausstrahlungskraft, dass ich sie heute noch im Geiste vor mir sehe. Während ihrer Verkündigung vernahm ich das erste Mal das Werben Jesu und die Frage: „Wärst du bereit für solch einen Weg?" Ich bejahte seine Frage in meinem Herzen, so hatte sich mein Kinderherz Mission vorgestellt, und dafür war ich bereit.

Das alles geschah, bevor ich selbst eine klare Entscheidung für Jesus getroffen hatte. Dabei wollte ich doch gerne Jesu Eigentum werden. Aber wie sollte das zugehen?

Etwa so, wie uns die Schwester eines Tages berichtete?

„Die Ruth hat heute ihr Herz dem Heiland geschenkt."

Ich schaute mir die Ruth an und dachte: „Nein, ich möchte einmal nicht ohne Herz herumlaufen." Ob es da nicht auch noch einen anderen Weg gab? Doch, den gab es. Aber zunächst „evangelisierte" ich auf meine Weise weiter und die Liebe zu Jesus und zu seinem Wort wuchs dabei und ließ den Entschluss in mir reifen, mein Leben ganz unter die Führung Jesu zu stellen. Langsam wurde mir beim Lesen des Wortes Gottes immer klarer, dass Jesus nur die Sünder annimmt. Aber ich wollte doch als eine Gute zu ihm kommen, was hatte ich nicht alles angestellt, um gut zu werden!? Nun, die Erkenntnis, dass mein Herz sündig ist, ging mir erst nach und nach auf und weckte die Heilandsbedürftigkeit umso mehr in mir, sodass ich mit 16 Jahren während einer Missionskonferenz aus tiefster Überzeugung mein Leben ganz bewusst unter Gottes Führung stellte. Gottes Wort hatte nicht nur meinen Kopf, sondern auch mein Herz erreicht.

Es waren besonders zwei Gottesworte, die tief in mein Herz fielen: *„Gib mir, mein Sohn, dein Herz und lass deinen Augen meine Wege wohlgefallen"* (Sprüche 23,26) und aus Epheser 6,15 *„[...] an den Beinen gestiefelt, bereit einzutreten für das Evangelium des Friedens."*

Beide Worte prägten mein weiteres Leben. Ich hatte Vergebung meiner Sünden erfahren und freute mich über die Gewissheit, jetzt ein Kind Gottes zu sein.

Der Gedanke, Jesus einmal in der Äußeren Mission zu dienen, gewann immer mehr Gestalt in mir. Ich wollte den Weg allerdings nicht allein gehen, sondern an der Seite eines Missionsarztes, den ich mir vorzustellen versuchte. Ich kannte keinen. Doch dieser wunderschöne Traum lebte in meinem Herzen und bewahrte mich davor, mein Leben zu vertändeln. Ich wollte lernen, so viel ich konnte, um für den Missionsdienst brauchbar zu sein. Dazu musste mir der Herr Jesus in der Schule des Lebens allerdings noch die richtigen Stiefel verpassen.

Nach meinem hauswirtschaftlichen Examen war ich zwei Jahre, von 1941–1943, in den Alpen bei einer kinderreichen Familie tätig und erzählte den Kindern, die unermüdliche Zuhörer waren, mit brennendem Herzen von Jesus.

Anschließend führte mich mein Weg in die

Kinderklinik nach Nordhausen, um dort von 1943–1945 die Ausbildung zur Säuglings- und Kleinkinderschwester zu absolvieren. Das war ein Dienst nach meinem Herzen. Die Klinik wurde von Diakonissen geleitet, die ich sehr schätzte – kannte ich doch Diakonissen von Kindheit an durch den Besuch der Sonntagsschule.

Damals hatte ich sie allerdings nur im Sonntagskleid kennengelernt, und jetzt stand ich im Alltag hautnah neben ihnen. Ich bewunderte sie, wollte aber selbst nie eine werden. Ich hatte ja meinen Missionsarzt im Herzen und wollte Mutter werden. Oder sollte ich doch Diakonisse werden? Über viele Monate tobte dieser Kampf in meinem Herzen. Sollte ich etwa mein ganzes Leben lang schwarze Strümpfe, lange Kleider und immer nur Mittelscheitel tragen und niemals Mutter werden dürfen? Nein, das wollte ich nicht! – und damit war das Thema „Diakonisse" für mich abgehakt. Wirklich? Bei mir vielleicht, aber nicht bei Gott.

Es war 1945. Das Examen war erfolgreich bestanden, aber der Krieg war noch nicht zu Ende. Tag und Nacht wurden wir durch Voralarm und Vollalarm auf Trab gehalten, weil wir alle Kinder in den Keller tragen mussten und dort verharrten, bis die Sirenen Entwarnung gaben.

Am 3. April um 17.00 Uhr geschah es dann:

Unsere Kinderklinik war einem Bombenangriff ausgesetzt!

Kurz zuvor hatte ich noch unverhofft Besuch von meinem Bruder Hans bekommen, der anschließend wieder zu seiner Truppe nach Ellrich zurückkehren musste. Da ertönte Voralarm! Ich bat ihn, in meinem Zimmer zu warten, bis wir Schwestern alle Kinder im Keller hätten, da dies bereits bei Voralarm geschehen musste. Anschließend wollte ich mich um ihn kümmern. Mein Zimmer lag im obersten Stockwerk unter dem Dach. Dann, plötzlich, binnen weniger Minuten: ein Volltreffer! Ohne Vollalarm.

Eine nahezu 50 Zentner schwere Sprengbombe machte die Klinik in wenigen Augenblicken dem Erdboden gleich und wir, 40 Schwestern und 160 Kinder, waren verschüttet. Mein erster Gedanke war: *Mein Bruder ist tot.* Ich hatte ihn ja noch gebeten, in meinem Zimmer zu warten. Er hatte jedoch das Angriffszeichen am Himmel gesehen und blitzschnell noch Kinder mit in den Keller getragen. Als er auf der letzten, oberen Stufe gestanden hatte, war er vom Trümmergeröll überschüttet worden. Doch er konnte sich herausbuddeln und mit einem Mal ertönte im Keller laut seine Stimme: „Wo ist meine Schwester?" Er war gerettet.

Von da und dort konnte man laute Gebete

vernehmen, ein Rufen und Schreien nach Befreiung. Ich konnte nicht laut beten, aber ich flehte in meinem Herzen zu Gott und versprach ihm, wenn er mich am Leben erhalten würde, dann würde ich ihm dienen, selbst als Diakonisse. Ich hatte noch nicht innerlich „Amen" gesagt, als bereits die nächste Sprengbombe neben unserer Klinik einschlug. Durch den Luftdruck bei der Explosion wurde ein kleines Kellerfenster zerstört, und etwas frische Luft strömte herein – das war unsere Rettung. Für mich war es jedoch die sofortige Antwort auf mein gestammeltes Gebet. Selten hatte ich eine so prompte Gebetserhörung erlebt. Mein Bruder konnte uns noch helfen, einen Ausgang aus den Trümmern zu finden, bevor er spät am Abend zu seiner Truppe zurückkehrte. Wie dankbar war ich, dass kein Mitarbeiter unserer Klinik und auch kein Kind bei diesem Angriff ums Leben gekommen war.

Gott hatte uns alle am Leben erhalten. Allein das war ein großes Wunder.

Doch wie war es nun mit der Versorgung der Kinder? Der Bombenangriff erfolgte gegen 17.00 Uhr. Es war inzwischen dunkel geworden und uns war klar, dass wir die Nacht unter den Trümmern zubringen mussten. Die Kinder schrien und hatten Hunger. Sie waren es ja gewöhnt, immer pünktlich ihre Flaschennahrung zu bekommen.

Und jetzt? Das Unglaubliche war geschehen: Der große Kühlschrank, der in der Milchküche seinen Platz hatte, ragte wie ein Denkmal ein kleines Stück aus den Trümmern heraus. In ihm waren die Säuglingsflaschen für 24 Stunden für alle Stationen aufbewahrt. Jede Flasche hatte die Nummer des Kinderbettes, sodass keine Verwechslung vorkommen konnte. Wir buddelten den Kühlschrank frei und erlebten das unbeschreiblich große Wunder, dass alle Flaschen aus Jenaer Glas unversehrt vor uns standen. Nicht eine einzige war entzwei. Gott musste einen Schutzwall von Engeln um den Kühlschrank gestellt haben.

Unter Tränen dankten wir Gott für sein großes Erbarmen mit uns. So konnten wir die Kinder noch bis in den nächsten Tag hinein mit Nahrung versorgen. Da kamen dann auch schon die ersten Eltern und Angehörigen, um ihre Kinder abzuholen. Sie waren unendlich dankbar dafür, dass sie am Leben geblieben waren. Alle anderen Kinder brachten wir in das wenige Kilometer entfernte Auffanglager nach Buchholz, das dafür vorgesehen war. Es regnete in Strömen, doch der Gott, der uns alle am Leben erhalten hatte, gab uns auch die Kraft für diesen Kindertransport.

Unsere Stadt war ein einziges, großes Trümmerfeld. Viele Menschen lagen tot auf den Straßen, andere waren unter den Trümmern verschüttet.

Und mich hatte Gott am Leben erhalten – wie unbegreiflich. Wer war ich? Ich war nicht besser als die, die ihr Leben auf so brutale Weise verloren hatten. Ich wurde an Gottes Wort aus Jesaja 43, die Verse 1 und 4 erinnert: *„Fürchte dich nicht, denn ich habe dich erlöst; ich habe dich bei deinem Namen gerufen; du bist mein! ... Ich gebe Menschen an deiner statt und Völker für dein Leben."* Dieses Wort wurde mir zum Fundament für meine Berufung.

Aber noch etwas Entscheidendes war geschehen: Mein wunderschöner Traum vom Missionsarzt war wie eine schillernde Seifenblase zerplatzt – und er tauchte nie wieder in meinem Herzen auf. Gott selbst hatte den Stellenwert verschoben und neue Prioritäten gesetzt. Ihm ging es um den Gehorsam in meinem Leben. Bei mir stand zwar Mission an erster Stelle, aber Gott ging es um meine Zubereitung für den Dienst in der Mission. Rückblickend sehe ich, wie Gott dieses Ziel schon von meiner Kindheit an verfolgte. Jeder Dienst, jedes Erlebnis, alles war Vorbereitung für den nächsten Schritt und gab mir Durchhaltekraft und Stehvermögen.

Ich legte bewusst das Eheglück und die Mutterschaft als ein lebendiges Opfer auf Gottes Altar und ging noch im selben Jahr, am 2. Oktober 1945, ins Mutterhaus nach Elbingerode. Diese

Entscheidung habe ich nie bereut. Sie ist wohl immer wieder einmal auf den Prüfstein gekommen, aber sie ist bis heute ein lebendiges Opfer geblieben.

Vor meinem Eintritt hatte ich noch geholfen, unsere Trümmer mit abzutragen. Das war Schwerstarbeit. Welch ein Geschenk und welch große Freude, als ich dabei als Erstes meine persönliche Bibel wiederfand.

Ich sollte noch eine andere bleibende Lektion für mein Leben lernen, die mir Gott anhand eines unauslöschlichen Erlebnisses am Weihnachtsfest 1946 tief ins Herz prägte.

Nach dem ersten halben Jahr im Mutterhaus war ich nach Nordhausen versetzt worden. Eine Schwester in meinem Alter und ich hatten das Vorrecht, zu Weihnachten ins Mutterhaus nach Elbingerode fahren zu dürfen. Welch eine Freude war das für uns, allerdings sollten wir am Nachmittag des 24.12. nach Nordhausen zurückkehren, da wir beide am ersten Feiertag zum Dienst eingeteilt waren.

Wir genossen das Zusammensein im Schwesternkreis und blieben natürlich bis zur letzten Minute im Mutterhaus. Bis zum Bahnhof nach

Drei-Annen-Hohne mussten wir allerdings fünf Kilometer laufen, und in der Nacht war Neuschnee gefallen. Hinzu kam, dass wir einen Reisekorb und einige Taschen voll Gepäck mitnehmen sollten, da man in der unmittelbaren Nachkriegszeit nur selten solche Fahrten unternahm. Man muss den Harz kennen, um sich in unsere Lage versetzen zu können. Im Sommer ist der Weg von Elbingerode nach Drei-Annen-Hohne ein wunderschöner Spazierweg, aber im Winter im tiefen Schnee eher ein Abenteuer. Es fuhr an diesem Tag nur ein Zug, den wir erreichen mussten. Doch es lag nicht nur Neuschnee, sondern die Straße war auch noch frisch gestreut, sodass wir mit unserem Schlitten und all dem Gepäck kaum von der Stelle kamen. Da wurde ich an einige Abkürzungswege erinnert, die bestimmt nicht gestreut waren. Herrlich! Wir kamen in den Rillen der Skispuren ziemlich zügig voran, doch wohin führte der Weg der Skispuren? Wir verloren die Orientierung und gerieten immer tiefer in den Wald hinein.

Plötzlich hörten wir unseren Zug aus weiter Ferne pfeifen. Was nun? Zurück? Nein, diese Blöße wollte ich mir nicht geben. Das wäre eine zu große Demütigung.

Also stapften wir weiter durch den Schnee. Eine Stunde nach Abfahrt des Zuges waren wir am Bahnhof in Drei-Annen-Hohne. Wir ließen den Schlitten dort, gaben den Reisekorb auf und liefen mit unseren Taschen auf den Bahnschwellen weiter nach Elend, zur nächsten Bahnstation. Es war inzwischen 19.00 Uhr und dunkle Nacht, und müde waren wir auch. Damals gab es in Elend nur ein Hotel, wo wir für die Nacht einen Unterschlupf suchten. Der freundliche Wirt zeigte uns ein Zimmer, natürlich eiskalt, mit unbezogenen Betten, und er bot an, unsere Strümpfe am Herd zu trocknen.

Wir fragten uns: „Wie konnte das passieren?" Ja, der Weg war schlecht und schwer, aber tief in meinem Inneren wusste ich, dass ich selbst schuld an der ganzen Misere war.

Ich war davon überzeugt, dass wir ohne weiteres 40 km nach Nordhausen laufen könnten. Es waren nicht die ersten 40 km, die ich im Leben zurücklegt hatte, aber ich war gerade mal einen Sommer lang in Elbingerode und hatte dort noch keinen Schnee erlebt.

In einem Rucksack, den wir hatten mitnehmen sollen, waren ein Paar Stiefel. Sie gehörten dem Bruder unseres damaligen Direktors, Pfarrer Haun. Da sie aber meiner Mitschwester, der die Füße schon sehr weh taten, genau passten, riet ich ihr, die Stiefel anzuziehen. Buße mussten wir so oder so tun, da machte ein Paar getragene Stiefel nun auch keinen Unterschied mehr.

Schlaf fanden wir keinen in jener Nacht, und als wir am nächsten Morgen unsere Strümpfe vom Wirt holen wollten, waren diese verbrannt. Auch das noch! Gut, dass wir noch ein Paar dabei hatten.

Wir liefen also weiter, zunächst nach Sorge und dann in Richtung Beneckenstein. Dort mussten wir noch an einer gefährlichen Stelle vorbei, an der schon viele Frauen vergewaltigt worden waren – doch wir kamen unbehelligt durch. Schließlich machte sich unser hungriger Magen bemerkbar. Nur gut, dass wir unsere Weihnachtsplätzchen vom Mutterhaus dabei hatten. Wir setzten uns auf einen Kilometerstein und machten Rast bei Plätzchen und kaltem Schnee als Getränk. In Ilfeld kletterten wir entkräftet in einen eiskalten Zug, der am Abend nach Nordhausen fahren sollte. Die letzten 15 km! Vorher waren wir noch an einer Kirche vorbeigekommen, aus der gerade das Lied ertönte: *„In wie viel Not hat nicht der gnädige Gott über dir Flügel gebreitet!"* Ja, das hatten wir erlebt!

Unsere Schwestern in Nordhausen hatten uns schon als vermisst gemeldet. Nun waren sie, trotz aller durch uns bereiteten Not und Enttäuschung, froh und dankbar, dass wir wieder da waren, und am nächsten Tag hatten wir Dienst. Das war eine schmerzliche, aber heilsame Lektion für mein Leben: Eigene Wege führen immer ins Elend, ob der Ort nun Elend heißt oder nicht, und Gott erspart uns auch nicht die Buße für unsere eigenen Wege.

Darum wurde es mir auch so wichtig, mir nicht einen eigenen Weg aus der DDR zu suchen. Viel zu tief steckte jenes Erlebnis in meinem Herzen, und es bewahrte mich auch später manches Mal vor einem eigenen Weg.

In den nächsten neun Jahren arbeitete ich als frohe und dankbare Diakonisse, der Gott schon einige Paare Stiefel angezogen hatte, in den verschiedensten Bereichen: Kinderarbeit, private Wochenpflege, Gemeinschaftsarbeit, Seelsorgedienste in Rüstzeiten und Evangelisationen. Mein Herz brannte jedoch in der ganzen Zeit weiter für die Mission. Würde sich je ein Weg und eine Möglichkeit dafür abzeichnen? Ich klammerte mich weiter an Gottes Verheißung, „denn auf alle Gottesverheißungen ist in ihm das Ja" (2. Korinther 1,20). Sein Wort und manche Glaubenslieder und Aussprüche prägten mein Leben, unter anderem der Satz: „Jede recht verbrachte Wartezeit bringt einen köstlichen Gewinn in unser Leben."

An Anfechtungen und Glaubenskämpfen fehlte es dabei jedoch nicht. Sie verstärkten sich noch, als 1952 unsere Missionare aus politischen Gründen China verlassen mussten. Was nun? Wollte Gott doch nicht, dass ich ihm in der Äußeren Mission diente? Ein einziges Fragen und Ringen brach in meinem Herzen auf: Hatte ich mich geirrt? Oder hatte Gott sich etwa geirrt? Nein, das konnte nicht sein!

So wurde ich eines Tages von unserer damaligen Hausmutter gefragt, ob ich auch bereit sei, nach Brasilien statt nach China zu gehen. Doch warum gerade nach Brasilien? Und wieder war es Gottes Wort, das mir Hilfe und Wegweisung gab, denn ich stieß auf Apostelgeschichte 16. Gott hatte sein Ziel nicht geändert, auch wenn er die Führung in ein anderes Land gelenkt hatte.

Zu diesem Zeitpunkt wusste ich lediglich von unserer Missionsarbeit in China, von Brasilien hatte ich noch nichts gehört, außer, dass es in Südamerika lag. Was für Menschen lebten dort? Was für eine Sprache wurde dort gesprochen und welche Missionare dienten dort?

Ich erbat mir eine Bedenkzeit und setzte mich intensiv damit auseinander. Dafür hätte ich gerne schriftliches Material gehabt, doch das war in der DDR nicht aufzutreiben. Schließlich gab ich im Glauben und Vertrauen auf den Herrn mein Ja.

Aber ich lebte immer noch in der DDR. Wie

sollte ich sie je verlassen, ohne die Grenze schwarz zu überschreiten? Das wollte ich nicht. Nein, einen eigenen Weg wollte ich nicht mehr wählen, dafür hatte ich eine zu schmerzhafte Lektion erfahren! Wenn es wirklich Gottes Weg mit mir war, dann war es ihm auch möglich, mir eine legale Ausreise zu ermöglichen und ich brauchte nicht nachzuhelfen. Aber je länger desto unmöglicher erschien eine legale Ausreise. Weiter warten und auf Gott vertrauen, auch gegen alles Sichtbare, war fortan meine Glaubensdevise. Mit großer Freude lernte ich viele Gottesworte, Psalmen und zusammenhängende Bibeltexte auswendig. Sie stärkten mein Herz und befreiten mich von aufkommenden Zweifeln. Ich tat weiter froh meinen Dienst für Jesus, immer in der Gewissheit *„Ist die rechte Zeit nur da, so wird alles lauter Ja."* (Benjamin Schmolck)

Auf wunderbare Weise durfte ich dieses „Ja" Gottes im Januar 1955 erleben. Als einzige Diakonisse konnte ich auf legalem Weg die DDR verlassen. Das war eine unumstößliche Bestätigung des Willens Gottes für meinen weiteren Lebensweg – ich wusste mich gewiss geführt.

Zwei Monate später konnte ich auf einem deutschen Frachter nach Brasilien reisen.

Erste portugiesische Worte und ihre Anwendung

Wenige Tage vor meiner ersten Ausreise nach Brasilien im April 1955 besuchte ich eine schwerkranke Schwester, die viele Jahre in Brasilien tätig war und nun krankheitshalber nicht mehr ausreisen konnte. Sie sagte zu mir: „Damit du schon einmal die portugiesische Sprache üben kannst, schreibe ich dir ein paar Worte auf einen Zettel."

Da stand u.a.: „bom dia" (Guten Tag.), „como vai?" (Wie geht's?), „boa tarde" (Guten Nachmittag.), „boa noite" (Guten Abend./Gute Nacht.), „durma bem" (Schlaf gut.) und „obrigada" (Danke). Außerdem schrieb sie mir noch einen Satz auf, den ich gut auswendig lernen sollte: „Deixa – me em paz!" (Lass mich in Frieden!). Sie sagte: „Wenn du die Leute nicht verstehst, dann sag einfach: „Lass mich in Frieden."

So zog ich los mit meinem Zettel in der Tasche und übte: auf den Ämtern, im Wartezimmer beim Arzt und überall dort, wo sich noch die Gelegenheit bot. Aber immer, wenn ich an den Satz kam: „deixa – me em paz", dachte ich: Hoffentlich brauchst du den nicht!

Auf dem Schiff erfolgten dann die ersten Praxisversuche in der neuen Sprache. Das Wort, das ich am meisten verwendete, war das Wort: „Danke." Ich konnte ja nicht zu jeder Tageszeit „Guten Nachmittag" oder „Schlaf gut" sagen, aber das Wort „Danke" passte in jede Situation, ob ich sie verstand oder nicht. Einmal priesen mir in einer Hafenstadt die Händler ihre Waren an und redeten mit vielen Gesten auf mich ein. Mit einem „Danke" wurde ich sie los. Ich brauchte nicht einmal „Lass mich in Frieden" zu sagen.

Beim Verladen der Fracht, die im Schiffsbauch verstaut werden sollte, lehnte ich mich ganz interessiert an das Geländer. Ich wollte sehen, wo all die großen Kisten und Autos im Schiffsbauch unseres Frachters unterkommen sollten. Da ertönte ein schriller Pfiff hoch oben vom Kran, begleitet von heftigen Worten, die ich nicht verstand. Ich wusste nur, dass ich gemeint war. Da konnte ich nicht mit dem Satz antworten: „Lass mich in Frieden!", sondern habe mit erhobenem Kopf ein lautes „Danke!" nach oben gerufen. Am Abend dankte ich Gott dafür, dass man mit einem dankbaren Herzen durch die ganze Welt kommt.

15 Jahre später stand mir jenes Erlebnis meiner ersten Schiffsreise wieder vor Augen. Viele frohmachende Gotteserlebnisse hatten meinen Alltag ausgefüllt. Ich hatte ein weites Missionsfeld und konnte vielen Menschen mit Rat und Tat helfend zur Seite stehen. Aber es gab nicht nur frohmachende Erlebnisse. Die dunklen Stunden, in denen mir der Blick auf Jesus verloren ging, haben auch nicht gefehlt. Ich konnte ihn einfach nicht mehr verstehen, und ein „Warum?" folgte auf das nächste.

Irgendwann sprach Gott zu mir:

„Weißt du noch, damals auf dem Schiff, als du nicht verstanden hast, was die Menschen mit dir geredet haben. Was hast du geantwortet?"

„Danke."

„Hast du die Worte des Mannes im Kran verstanden, dem du mit erhobenem Kopf ein *Danke!* nach oben geschleudert hast?"

„Nein, Herr."

„Schließlich bist du in deiner Kabine auf die Knie gegangen und hast mir gedankt, dass man mit einem dankbaren Herzen durch die ganze Welt kommt. Und jetzt? Du verstehst mich nicht mehr, aber ich bin derselbe und es ist derselbe Weg – und den beschreite! Danke dich durch!"

Aber wofür sollte ich Gott danken? Ich dankte Gott mit und ohne Tränen für seine große Liebe, für seine Treue und Barmherzigkeit, die ich bisher in so mannigfaltiger Weise erfahren durfte. Dabei erinnerte er mich an das Wort aus Psalm 50,23: *„Wer Dank opfert, der preiset mich, und da ist der Weg, dass ich ihm zeige das Heil Gottes."* Im Lauf der Jahre ist es mir immer deutlicher geworden, dass es dabei nicht nur um ein flüchtiges „Dankeschön" geht, sondern um ein Dankopfer.

So ist es damals wieder hell geworden in meiner Seele. Ich war geheilt. Seitdem stehe ich auf dem Übungsfeld, Gott für alles zu danken. Und wenn ich es vergessen sollte, dann erinnert er mich durch seinen Geist ganz bestimmt wieder daran.

Gott steht zu seinem Wort, auch in Brasilien

Am 27. April 1955 kam ich in Rio de Janeiro an.

Vor mir der Corcovado mit der 38 m hohen Christusstatue, die Arme ausgebreitet, zum Segnen bereit. Ein Erlebnis für sich!

Die Losung und der Lehrtext dieses Tages haben sich mir unvergesslich eingeprägt. Die Losung stand in 1. Mose 12,2: *„Ich will dich segnen und du sollst ein Segen sein."* Rückblickend kann ich nur sagen, dass ich meinen Dienst in den vergangenen Jahrzehnten unter den Segenshänden Jesu ausrichten durfte.

Und dann der Lehrtext aus Hebräer 11,1: *„Es ist aber der Glaube eine feste Zuversicht auf das, was man hofft, und ein Nichtzweifeln an dem, was man nicht sieht."* Wie konkret und unauslöschlich habe ich das erlebt!

Das Ziel meiner Reise war die Großstadt Curitiba. Weil in den anderen Häfen nicht so viel Ladung wie vorgesehen zu löschen gewesen war, lief das Frachtschiff bereits acht Tage früher in Rio de Janeiro ein und sollte schon am nächsten Tag seine Reise fortsetzen. Ich wurde unruhig. In Deutschland hatte man mir gesagt, ich würde abgeholt und brauche mich nicht zu sorgen. Aber wusste Herr Missionar Grischy, der mich abholen sollte, von dieser Änderung des Fahrplans? Ich bat den Funker, in Curitiba anzurufen, doch der meinte lächelnd: „Schwester, wir sind jetzt in Brasilien. Das ist hier nicht so einfach." Das ist heute bei geräuschfreien Telefonverbindungen per Satellit kaum mehr vorstellbar, aber vor 50 Jahren waren die fast 1000 km zwischen Rio und Curitiba ein enormes Problem. Da ich allerdings in meinem Bitten und Drängen nicht nachließ, versuchte der Funker, in Curitiba anzurufen. Beim Abendbrot sagte der Kapitän jedoch: „Schwester, wir haben alles versucht, aber wir haben nur Störgeräusche in der Leitung gehabt. Sie bleiben hier bei uns. Wir lassen Sie nicht allein das fremde Land betreten, immerhin soll es noch Menschenfresser in Brasilien geben. Nein, wir lassen Sie nicht allein ins Ungewisse ziehen."

Na, das waren ja Aussichten! So sah also der Auftakt zur Mission im Land meiner Berufung aus?

Immer wieder hielt ich dem Herrn Jesus sein Wort vor: „Herr, du hast gesagt: *Es ist aber der Glaube eine feste Zuversicht auf das, was man hofft, und ein Nichtzweifeln an dem, was man nicht sieht.* Herr, ich habe dich in Deutschland als den Gott erlebt, der zu seinem Wort steht. Und jetzt? Wirst du dein Wort auch auf brasilianischem Boden einlösen? Ich will es einfach glauben, lass es mich erneut erleben."

Die Realität sah jedenfalls so aus, dass das Schiff Rio de Janeiro in 12 Stunden verlassen sollte. Also nur noch eine Nacht, und was dann? Nein, es sollte kein Zweifel aufkommen. „Herr, ich glaube, dass du zu deinem Wort stehst!"

Mir blieb nun nichts anderes übrig, als mich in den Speisesaal des Schiffes zu begeben, in dem reges Leben herrschte, weil der Kapitän ein Essen für die Fahrgäste gab. Ich saß also mitten unter vornehm gekleideten Menschen, die alle ihre besondere Duftnote verbreiteten. Plötzlich tauchte mitten aus dem Gewühl der Leute ein einfach gekleideter Mann auf, der schnurstracks auf meinen Tisch zusteuerte. Ich labte mich gerade am Nachtisch – es gab Vanilleeis mit Schokoladenstreuseln – als mich der Herr ansprach: „Verzeihung, sind Sie Schwester Ilse?"

„Um alles in der Welt, wer kennt mich hier in der fremden Weltstadt mit Namen?", war meine erster Gedanke.

„Mein Name ist Grischy. Ich komme, um Sie abzuholen."

Die Offiziere, die mit mir am Tisch saßen, waren so verblüfft, dass sie nur mit dem Kopf schüttelten. Wie konnte das möglich sein? Was war hinter den Kulissen geschehen?

Als der Funker am Mittag versucht hatte, eine Verbindung nach Curitiba zu bekommen, war der damals 17-jährige Sohn von Missionar Grischy am Telefon gewesen. Durch alle Nebengeräusche in der Leitung hindurch hatte er nur zwei Namen verstanden, und zwar meinen sowie Rio de Janeiro. Sofort hatte er seinen Vater, der außer Haus war, benachrichtigt. Dieser sauste mit dem Motorrad zum Flughafen, um einen Direktflug nach Rio zu buchen. Doch alle Plätze waren ausverkauft, auch für das nächste Flugzeug. Danach gab es für diesen Tag keine Möglichkeit mehr. Doch Herr Grischy hatte sich nicht abweisen lassen. Er hatte Stunden auf dem Flugplatz verbracht und immer weiter auf eine Möglichkeit gehofft, doch noch nach Rio zu kommen. Bei der Zwischenlandung eines Flugzeuges aus Argentinien war ein Passagier ausgestiegen, der seine Reise aus dringenden Gründen in Curitiba unterbrechen musste. Nun konnte Herr Grischy den frei gewordenen Platz einnehmen und auf diese Weise in zwei Stunden nach Rio de Janeiro gelangen.

So treu ist Gott. Wie wunderbar hat er sein Wort eingelöst. So wird und bleibt Gottes Wort im Herzen lebendig.

Verdrehte Welt, brasilianische Höflichkeit und Schnitzer beim Sprachstudium

Jetzt war ich also in Brasilien, wo alles ganz anders war: Der Mond ist eine Sie, „a lua", und die Sonne ein Er, „o sol". Im Juli ist es Winter, im Dezember Hochsommer, die Tomate und die Milch sind auch männlich, die Hähne fangen bereits um Mitternacht an zu krähen, die Frösche quaken laut die ganze Nacht, so etwas wie eine Morgen- oder Abenddämmerung gibt es nicht, die Türklinken muss man hochziehen und nicht drücken – und vieles andere ist verdreht, jedenfalls nach meiner Vorstellung. Es gab damals auch keine Schaufenster, die gesamte Ware lag auf dem Bürgersteig, der aus mehr Löchern als Gehfläche bestand. Als ich – wie gewöhnlich mit schnellem Schritt – in der Mittagshitze die Straße entlanglief und mich wunderte, warum um diese Zeit so wenige Menschen unterwegs waren, bekam ich zur Antwort: „Wer um diese Zeit auf der Straße ist, kann nur ein Verrückter oder ein Deutscher sein." Nun wusste ich es.

Eine weitere Neuheit war für mich, dass man bei einem Hausbesuch vor der Haustür laut in die Hände klatschen musste, bis jemand erschien oder die Hunde den Besuch ankündigten.

Die Abfahrt und Ankunft eines Busses war damals eine sehr ungewisse Angelegenheit. Als ich einmal auf einen Bus wartete, traf ich an der Haltestelle auf viele Menschen, die auf ihren Reisesäcken saßen, welche als Koffer dienten. Gemütlich aßen die Leute ihr Vesperbrot, das aus gebratenen Hühnerbeinen bestand. Als ich mich nach der Abfahrt des Busses erkundigte, antworteten sie: „Das können wir Ihnen nicht sagen, wir sitzen auch schon seit gestern hier."

Heute kann ich sagen: Ja, damals! Inzwischen ist Brasilien ein fortschrittliches Land geworden, das über moderne Busbahnhöfe verfügt mit genauen Ankunfts- und Abfahrtszeiten.

Die Brasilianer sind sehr höflich. Beim Verabschieden kann man oft hören: „Es ist noch früh, willst du wirklich schon gehen?" Das sagen sie selbst dann, wenn die Zeit schon vorgerückt ist.

Ich bin dankbar, dass ich so viel von ihnen lernen durfte. Insbesondere durch ihre Gastfreundschaft und Herzlichkeit, aber auch durch ihre immerwährende Hilfsbereitschaft sind sie mir ein Vorbild geworden.

Natürlich begann ich sofort, Portugiesisch zu

lernen, und ich wandte das Gelernte gleich an. Es lag mir am Herzen, so schnell wie möglich in die Sprache hineinzuwachsen, denn ich wollte den Menschen ja in der Landessprache dienen. Bei meinen ersten Anwendungsversuchen passierten mir allerdings mancherlei Schnitzer.

Zum Beispiel im Omnibus, den zu benutzen manchmal lebensgefährlich sein konnte, insbesondere dann, wenn es in die Kurve ging. Da wurde man nicht selten mit Schwung auf den Schoß des Nachbarn befördert. So erging es mir einmal. Ich wollte mich natürlich entschuldigen und sagte auf portugiesisch nicht „Verzeihung" sondern „Mit Erlaubnis". Der junge Mann lächelte mich verträumt an und antwortete „Pois nao?" – „Warum nicht?"

Oder als ich ungefähr zwei Monate im Land war und beim Einkaufen einen jungen Missionar traf. Er fragte mich, ob ich ihm dabei helfen könne, für seine hochschwangere Frau Rollmöpse zu kaufen. Damals gab es nur einen Supermarkt in Curitiba, heute kann man sie nicht mehr zählen, die großen Handelsketten. Sie schießen wie Pilze aus der Erde. Wir standen also in einer Ecke des Geschäfts und konnten in unserem Wörterbuch das Wort „Rollmops" nicht finden. Nach einigen Fragen, die von wildem Gestikulieren begleitet waren, verließen wir unverrichteter Dinge den

Supermarkt. Wenigstens wussten wir jetzt, dass der Rollmops ein ausländisches Produkt war und in Brasilien auch Rollmops hieß.

Anschließend begleitete mich der Missionar noch bei meinem Auftrag, Gardinenringe zu besorgen. Dazu waren wir in ein Juweliergeschäft geschickt worden. Ich brachte der Verkäuferin mein Anliegen vor und sie wollte wissen, wie viele ich benötigte. Ich meinte: „Ein Dutzend", woraufhin sie etwas verlegen wurde und uns fragend anstarrte. Was konnte man nur mit einem Dutzend Eheringen wollen? Inzwischen hatte ich den einen mitgenommenen Gardinenring aus meiner Tasche gekramt. Kopfschüttelnd und immer noch leicht irritiert sagte sie: „Da müssen Sie wohl in ein Eisenwarengeschäft gehen." Dort bekam ich dann auch, was ich wollte..

So könnte ich lange fortfahren. Schnitzer dieser Art vergisst man nicht, sie machen das Leben bunt und erheitern das Gemüt. Ich konnte viel daraus lernen, muss aber auch heute noch darüber schmunzeln.

Kleiner Russe, komm gut wieder!

Gerade wurde ich verabschiedet mit den Worten: „Kleiner Russe, komm gut wieder! Wir brauchen dich noch!" Dieser Name hängt mir bis heute an. Wie war ich dazu gekommen?

Es war wenige Tage nach meiner ersten Ankunft 1955 in Brasilien. Wir hatten im Schwesternkreis die Mittagsmahlzeit eingenommen. Ich weiß nicht mehr, was es gab. Die Oberschwester, neben der ich als „Jüngste" saß, wurde ans Telefon gerufen und ich sollte mit dem Nachtisch beginnen. Da standen Platten auf dem Tisch mit schwarzen, bananenähnlichen Gebilden.

Was mag das wohl sein? dachte ich bei mir. Ich kam ja aus Ostdeutschland und kannte Bananen und Apfelsinen nur aus dem Bilderbuch. Doch jetzt war ich im Land der Bananen und die sollte ich bald in allen Variationen kennenlernen! Diesmal waren sie also schwarz und dick aufgeplustert. Es waren gedünstete Bananen, die man aufgeschnitten mit Zucker und Zimt isst und die ganz vorzüglich schmecken. Doch woher sollte ich das wissen? Ich nahm also eine in die Hand und wollte hineinbeißen, da lief mir auch schon der Saft an beiden Seiten des Mundes herunter und meine Schwestern brachen in schallendes Gelächter aus: „Na, du kleiner Russe, bei euch isst man wohl die Bananen mit der Schale?" Da war mein neuer Name geboren, der sich bis heute gehalten hat. Es kommt nicht selten vor, dass mich eine Schwester anruft und fragt: „Ich wollte nur mal wieder wissen, wie es dem kleinen Russen geht? Bist du noch viel unterwegs?"

Doch missverstanden habe nicht nur ich

„Sind das alles Flöhe aus Ihrem Haus?"

Mein Geburtstag stand vor der Tür und ich hatte einige Jugendliche aus der Gemeinde eingeladen.

Was war geschehen? Ich kam ja aus Deutschland, wo es Mohnkuchen gab, den ich immer gerne gegessen hatte. Es war schon länger mein Vorhaben gewesen, einen Mohnkuchen zu backen, so richtig nach Mutters Art. Da schien mir mein zweiter Geburtstag in Brasilien, den ich in Ponta Grossa verbrachte, ein willkommener Anlass zu sein. Schon die Vorbereitung hatte mir viel Freude bereitet. Es war zu der Zeit schwierig, überhaupt Mohn aufzutreiben.

Doch wie war ich enttäuscht, als die Jugendlichen, die meine Gäste waren, die Kuchenplatte nur immer wieder anschauten und dankend ablehnten, ein Stück davon zu nehmen. Ob sie wirklich keinen Appetit hatten? Beim Verabschieden wurde das Geheimnis gelüftet, als eine Jugendliche fragte: „Schwester Ilse, entschuldigen

Sie bitte, aber waren die Flöhe im Kuchen wirklich alle aus Ihrem Haus?"

Das war ein schwarz gepunktetes, köstliches Missverständnis.

Danach nahm sie gerne ihr Stück Kuchen mit nach Hause und bestätigte mir später beschämt und dankbar, dass der Kuchen köstlich war.

Mohnkuchen war zu der Zeit in Brasilien nicht bekannt, aber Flöhe kannte jeder. Wir hatten diese kleinen Plagegeister in rauen Mengen in unseren Häusern. Oft musste ich nachts aufstehen und das Nachthemd wechseln, weil ich die kleinen Tierchen, die mich so quälten, einfach nicht entdecken konnte und zum Suchen zu müde war. Doch wenn es mir im Laufe der Zeit geglückt war, eine Anzahl von ihnen zu fangen, dann reizte es mich, ein Blumenkränzchen davon auf den nächsten Brief zu kleben und diesen in Richtung Heimat zu schicken. Man muss einfach allen Dingen etwas Positives abgewinnen, selbst wenn es die Flöhe sind!

So manches Mal musste ich daran denken, was jene Missionarin aus meiner Kindheit vom Missionsfeld und den Läusen, Flöhen, Wanzen, Spinnen und anderem Ungeziefer berichtet hatte. Damals hatte ich Gott ganz zaghaft, aber doch klar ein Ja für solch ein Leben gegeben, auch wenn ich es mir nicht vorstellen konnte. Doch bei diesem Ja ist es geblieben.

Erste Missionsreise ins Innere des Landes

Nur wenige Monate nach meiner Ankunft in Brasilien durfte ich mit einigen Missionaren meine erste Reise ins Landesinnere machen. Das war ein Erlebnis, das ich nie vergessen habe.

Unser Reiseziel war Ortigueira, damals ein Ort am Ende der Welt. Am Spätnachmittag schlugen wir in einer kleinen Siedlung unser Nachtlager auf, weil bereits die Dunkelheit hereinbrach. In Brasilien ist es nach Sonnenuntergang innerhalb einer halben Stunde stockfinstere Nacht.

Eine liebe, gläubige Frau im vorgerückten Alter erwartete uns. Ihre Freude war groß, da sie sonst kaum Besuch bekam. Sie stellte uns eine kleine Holzschüssel mit etwas Wasser hin, damit wir darin, einer nach dem anderen, unsere Füße waschen konnten. Eine schmackhaft bereitete Suppe war das Nachtessen. Anschließend zeigte sie uns das Nachtlager. Da lag eine mit frischem Maisstroh gefüllte Matratze, auf der wir Frauen schlafen durften. Doch an Schlaf war nicht zu denken: Das frische Stroh wirkte wie Stecknadeln, es war ein Pieken und Kratzen ohne Ende. Außerdem freuten sich die Flöhe und Moskitos sehr über unsere Bekanntschaft. Beim ersten Morgengrauen verließen wir deshalb unser Nachtlager. Zum Zähneputzen bekamen wir ein Glas Wasser und zum Waschen wieder eine Schüssel für alle mit dem kostbaren Nass. Gern tranken wir den frischgekochten schwarzen, aber zuckersüßen Kaffee, durch den wir richtig wach wurden.

Als ich jedoch erfuhr, dass die Frau jeden Tag einige Kilometer bis zum nächsten Fluss laufen musste, um Wasser zu holen, packte mich das Erbarmen. Das waren also die Verhältnisse im Landesinneren. Ich konnte mich nur schämen über mein heimliches Kritisieren und ich fühlte mich stärker denn je zu diesen armen Menschen hingezogen.

In Ortigueira angekommen, eilten die Missionare in eine Besprechung und ich konnte unterdessen ein wenig spazieren gehen. Doch wo sollte ich mich hinwenden? Damals gab es nur eine einzige holprige Erdpiste, auf der Hühner, Schweine, Hunde und anderes Getier herumliefen. Ich brauchte nicht lange zu überlegen, da öffneten sich schon die Fensterluken und die Leute staunten mich an, als sei ich das letzte Weltwunder. Noch nie hatten sie so eine Erscheinung gesehen! Bald aber winkten sie mir freundlich zu und baten mich, in ihr Haus zu kommen. Ich leistete der Einladung gern Folge, doch wie sollte ich mit meinen wenigen Brocken Portugiesisch eine Unterhaltung führen? Ich zeigte auf eine Karte mit Schlangen, die an der Wand hing, und sagte: „Das ist Kobra." Damit war mein Sprachschatz auch schon erschöpft. Ob die Missionare ihre Besprechung noch nicht beendet hatten? Ich überlegte betend, was ich den Leuten vom Evangelium weitersagen könnte. Der kleine Raum war inzwischen völlig überfüllt. Da wurde ich an einen Chorus erinnert, den ich kürzlich übersetzt hatte: *„Freuet euch, dass eure Namen im Himmel geschrieben sind."* Der Text stammt aus der Bibel und steht in Lukas 10,20. Ich sang ihnen das Lied mehrere Male vor und schließlich stimmten alle mit ein. Wir sangen laut und immer wieder – so lange, bis die Missionare, die dem lauten Singen gefolgt waren, wussten, wo ich war. Nachdem die Hausfrau allen Anwesenden noch ein Gläschen schwarzen, zuckersüßen Kaffee angeboten hatte, verabschiedeten wir uns. In meinem Herzen war ich froh und dankbar für die Erfahrung, meine erste, nicht gesuchte, stümperhafte „Stunde" gehalten zu haben. Was mochte daraus geworden sein?

Einige Jahre später wurde ich gebeten, in der kleinen Holzkirche in Ortigueira einen Gottesdienst zu halten. Inzwischen konnte ich mich in der Landessprache problemlos verständigen, und es war mir eine Freude, Gottes Wort unter das Volk zu bringen. Ob die kleine Hütte von damals noch existierte? Und ob die Bewohner noch lebten?

Ja, die Hütte stand noch, und sogar der Besitzer lebte noch. Die Freude des Wiedersehens war auf beiden Seiten groß, und er begann zu erzählen: „Wir haben das Lied nicht vergessen, welches Sie uns gelehrt haben. Es hat nur eine ganz andere Melodie bekommen. Doch jetzt sagen Sie mir bitte einmal die Bedeutung der Worte *Freuet euch, dass eure Namen im Himmel geschrieben sind.*"

Wie gerne kam ich seiner Bitte nach, insbesondere, da mir gerade dieses Wort eine große Freude und Stärkung für meinen persönlichen Glauben geworden war. Von jenem unvorhergesehenen Besuch waren also nicht die stümperhaften Wortfetzen geblieben, sondern das wiederholt gesungene Gotteswort, das der Mann sogar nach Jahren noch Wort für Wort wiederholen konnte. Der Einstieg über die Schlangen bis zu dem Bibelwort war wirklich keine Exegese, die man theologisch hätte absegnen können. Und doch hatte Gott sie benutzt, um einem Menschen sein Wort ins Herz zu senken.

Nicht lange danach wurde ich nach Ortigueira versetzt, um dort mit einer Pionierarbeit zu beginnen. Wie wunderbar benutzte Gott die verborgenen, aber bereits vorgeknüpften Fäden zu einem fruchtbaren Dienst.

Segensreiche Kontakte zu den Indianern

Nicht weit entfernt von unserer Missionsstation Ortigueira lag das Indianerreservat Queimadas, wo damals noch kein Missionar stationiert war. Unter den Ureinwohnern dort, den Kaingang-Indianern, sprach sich schnell herum, dass es nun in Ortigueira eine Krankenstation gab, auf der alle Menschen behandelt wurden. So kamen auch die Indianer zu uns, jedoch nicht nur zur Behandlung. Frau Dr. Wiesemann von den Wycliff-Bibelübersetzern hatte mir einige Schallplatten mit biblischen Texten in der Kaingangsprache geschenkt. Sie waren von ihr übersetzt und von Senior Pedrinho, einem netten, gläubigen Indianer, aufgesprochen worden. Immer wieder kamen die Indianer mit der Bitte, ihren „Bruder" hören zu dürfen. Stundenlang hockten sie vor dem Plattenspieler auf der Veranda, lachten, hörten andächtig zu und bejahten nickend die Botschaft. Jedes Mal brachten sie andere mit, sodass über die gehörte Botschaft des Evangeliums Vertrauensbande entstanden – auch ohne verbale Verständigung.

Durch diese Kontakte lernte ich die Indianer

mehr und mehr lieben. Umso bereitwilliger übernahm ich dann einige Jahre später einen einjährigen Vertretungsdienst für das Missionsehepaar Baldzer am Rio das Cobras. Es handelte sich zwar um ein anderes Reservat, doch auch hier lebten Kaingangindianer, hier war die Zentrale unserer Indianerarbeit. Missionar Walter Hery und seine Frau Ilsedore trugen die Verantwortung für diese Pionierarbeit. Die Baldzers waren für die Krankenpflege zuständig, hatten aber für ein Jahr ein Sprachstudium in der Hauptstadt Brasilia aufgenommen.

Bei meinen Besuchen in den Indianerhütten lernte ich das Zuhören. Ansonsten sprach ich die Sprache der Liebe, die immer und überall zu einer Brücke der Verständigung wurde und Vertrauensbande knüpfte, nicht nur zu den Indianern. Meine Lehrer waren die Kinder, die mir viele gängige Wörter in ihrer Sprache beibrachten. Manche davon habe ich bis heute nicht vergessen.

Durch den umfangreichen Dienst im Ambulatorium waren die Kontakte zu den Indianern zahlreich. Oft brachten sie ihre schwerkranken Kinder in letzter Minute und auch erst dann, wenn die Zaubermedizin nicht geholfen hatte. Wenigstens Läusekappen brauchte ich für die Indianerkinder nicht zu machen, obwohl zu meiner Zeit fast alle Kinder Läuse hatten. Die Mütter entlausten ihre

Kinder meistens selbst: Sie saßen vor ihrer Hütte, knackten die Läuse und steckten sie sich in den Mund. Eine wirksame, jedoch nicht zur Nachahmung empfohlene Methode. Neben den Läusen hatten die Kinder meistens den Bauch voller Würmer – oft nicht nur eine Sorte! Ich hatte jede Menge Wurmmittel zu verteilen. Verschiedene Gesundheitsprojekte schufen im Laufe der Jahre zusätzlich Abhilfe und verbesserten den Gesundheitszustand der Indianer.

Ein Indianer kam mit Halsschmerzen auf die Krankenstation. Glücklicherweise war zu dieser Zeit gerade Missionar Baldzer für kurze Zeit auf der Station, sodass er dem Indianer verschiedene Mittel gegen Halsschmerzen verabreichen konnte. Keines der Medikamente schlug jedoch an, sodass der Indianer schließlich nichts mehr schlucken konnte. Herr Baldzer nahm eine Rachenspiegelung vor und entdeckte dabei tief im Rachen einen 2 cm langen Wurm, den er mit einer Pinzette entfernte. Doch kurz darauf tauchten weitere Würmer auf. Wie sollten wir sie entfernen? Die einzige Möglichkeit war, die Würmer mit Äther zu betäuben, sodass sie nach und nach an die Oberfläche kamen, wo sie entfernt werden konnten. Über mehrere Tage zog sich diese Prozedur hin – für den armen Mann wie auch für uns war das Ganze nicht sehr angenehm. Ich hielt seinen Kopf und Herr Baldzer arbeitete mit der Pinzette. Am Ende lagen 147 Würmer, „berne" genannt, zum Vernichten in der Nierenschale. Der gesamte Rachenraum des Mannes war bis in die Speiseröhre hinein zerfressen.

Wie war so etwas möglich? Es gibt eine Art Schmeißfliege, die ihre Eier auf die Haut oder in wunde Stellen legt. Diese werden zu Larven, die sich dann bei Mensch und Tier unter der Haut einnisten und Geschwüre verursachen. Keine Körperstelle, auch nicht die Kopfhaut, ist davor sicher. Selbst Wäschestücke, vor allem die Nähte, werden davon befallen, sodass man jedes Wäschestück ausgiebig bügeln musste. Eine andere Methode, die Parasiten zu töten, war die, ein Stück Speck oder ein Heftpflaster auf der betroffenen Stelle zu befestigen. Die Parasiten bekamen keinen Sauerstoff mehr, bissen sich am Speck oder dem Heftpflaster fest und konnten so entfernt werden.

Doch wie kamen sie in den Mund von Senior Manoel, unserem Indianer? Offenbar hatte er aufgrund seiner Halsschmerzen mit offenem Mund geschlafen – ein „offenes Tor" für die Schmeißfliege! Ich begegnete Menschen, deren Gesicht dementsprechend entstellt war. Wie dankbar waren wir daher, als Senior Manoel wieder schlucken und leichte Nahrung zu sich nehmen konnte. Einige Zeit päppelten wir ihn noch mit Stärkungsmitteln und Vitaminpräparaten auf, bis er schließlich entlassen werden konnte.

Diese Parasitenart begegnete mir auf fast allen Stationen, manche waren mehr, andere weniger davon heimgesucht. Mit der Zeit bekam man aber den Eindruck, dass sie im Laufe der Jahre die Region gewechselt hat – wir waren nicht böse darum, denn arbeitslos wurden wir auf der Krankenstation nie. Waren es nicht die Würmer, dann hielten uns die Sandflöhe auf Trab. Im Inneren des Landes liefen und laufen die meisten Menschen barfuß. Da Sandflöhe Menschen meist an den Füßen befallen, bietet sich hier eine ideale Angriffsfläche. Meistens nisten sie sich unter den Nägeln ein, aber sie sind gut zu erkennen und können leicht mit einer Nadel entfernt werden. Oft waren auch die Fingernägel davon befallen. Meistens kamen die Menschen jedoch erst zu uns, wenn sie bereits eitrige Entzündungen hatten, die Sandflöhe schon Nester gebaut und mit vielen Eiern belegt hatten. Oft waren die Leute erst zum Zauberer gegangen, der die Wunden mit Tabak behandelt hatte, was für uns bedeutete, dass wir sie zur Desinfektion mit Kaliumpermanganat-Bädern und mit Antibiotika behandeln mussten.

Neben Würmern und Flöhen gab es viele Durchfallerkrankungen. Häufig mussten wir unsere kleinen und großen Patienten erst an den Tropf legen, um der Austrocknung entgegenzuwirken. In der Nähe unserer Krankenstation waren mehrere Hütten für kranke Indianer errichtet worden. War ein Mitglied der Familie erkrankt, reiste die ganze Familie mit dem gesamten Hausrat und den Tieren an. So konnten wir sie aber auch gezielt behandeln.

Wir verrichteten unseren Dienst zwar weit weg von aller Zivilisation, aber Langeweile bekamen wir nie.

Es war mir eine große Freude, miterleben zu dürfen, wie sich die Indianer dem Evangelium öffneten. Sie dichteten viele Lieder selbst und sangen sie oft stundenlang mit großer Inbrunst. Da konnte man nicht anders: Man wurde einfach mitgerissen.

Nach zehnjähriger intensiver Missionstätigkeit kamen die ersten Kaingangindianer zum Glauben an Jesus und es entstanden erste Indianergemeinden. Queimadas war eine solche Gemeinde. Die Missionare Ka'egso und Christiane Hery – Ka'egso ist der älteste Sohn von Walter und Ilsedore Hery – waren verantwortlich für die Arbeit und ich denke gerne an meine Besuche in Queimadas zurück. Bei der Geburt ihres zweiten Kindes, Samuel, durfte ich Hebammendienste leisten.

Als ich vor einigen Jahren zu einem Abschiedsbesuch am Rio das Cobras war, fragte mich ein Indianer: „Kennst du mich noch?"

„Nein", war meine Antwort.

„Aber ich kenne dich noch. Weißt du noch, als ich meinen Sohn todkrank zu dir gebracht hatte? Er hatte schon kein Leben mehr in sich. Da hast du mit dem da oben (er zeigte mit seiner Hand nach oben) gesprochen. Ich wollte nichts von dem da oben wissen, ich wollte mein Kind wieder lebend haben. Doch dann hat der da oben geantwortet und mein Sohn ist wieder gesund geworden. Das war vor 21 Jahren. Heute glaubt unsere ganze Familie an Gott, an den da oben."

Was für ein glaubensstärkendes Erlebnis, dass mein Dienst unter den Indianern nicht vergeblich war.

Besuch! Freude! Überraschung?

Im Februar 1956 kam ich auf meine zweite Station, nach Ponta Grossa. Missionar Alcides Jucksch war hier stationiert. Eines Tages kündigte sich Besuch aus Deutschland an: die Marburger Oberin wollte unsere Arbeit kennenlernen. Damals fuhr der Omnibus vier bis fünf Stunden auf der löchrigen Erdstraße von Curitiba nach Ponta Grossa. Man konnte die Fahrt aber auch mit der Schmalspurbahn machen, die kurze Zeit zuvor eingeweiht worden war. Wenn man Glück hatte und die Bahn nicht in einer Kurve entgleiste, bestand sogar die Chance, dass man sein Reiseziel erreichte.

Das schreckte die Oberin nicht, sie war neugierig auf die brasilianische Eisenbahn.

Der Reisetag stand fest und am Vortag verunglückte wieder mal der Zug! Also ging ich morgens zum Zugführer und bat ihn, doch bitte vorsichtig in die Kurven zu fahren, andernfalls würde unsere Oberin einen schlechten Eindruck von Brasilien mitnehmen in ihre deutsche Heimat. Er zog seine Mütze und sagte mit freundlicher Miene: „So Gott will, wird der Zug nicht umkippen. Wir kümmern uns um Ihre Oberin!"

Und so war es auch. Die Oberin berichtete hernach, dass sie noch nie im Leben eine solche Bahnfahrt gemacht hätte. Auf jeder Station sei jemand vom Zugpersonal gekommen und habe das Abteil mit einem Reisigbesen gefegt und mit dem Staubwedel den Staub verteilt, der durch das Fegen aufgewühlt worden war. Es hatte sich immer mehr zu einer Zugfahrt mit Gymnastik entwickelt, denn sie musste stets ihre Füße heben, damit gefegt werden konnte, und den Kopf einziehen, damit der Staubwedel Platz zur Entfaltung bekam. Auch wurden ihr vom Zugpersonal zuckersüßer schwarzer Kaffee und belegte Schnitten und Kekse angeboten. Und alle seien extrem freundlich zu ihr gewesen. Nur leider habe sie die Freundlichkeit nicht mit portugiesischen Worten erwidern können.

In Curitiba angekommen, ließ der Zugführer es sich nicht nehmen, ihr beim Aussteigen behilflich zu sein und ihr eine gute Weiterreise zu wünschen. Ja, damals!

Wenige Tage später wurde der Zugverkehr wieder eingestellt. Damit waren diese abenteuerlichen Fahrten mit einem Mal beendet. Man legte nach und nach gute Asphaltstraßen an und große Omnibusbahnhöfe für den Fernverkehr. Auch der Inland-Flugverkehr wurde mehr und mehr ausgebaut. Doch alles brauchte seine Zeit.

Habe deine Lust am Herrn

In Psalm 37,4 steht: *„Habe deine Lust am Herrn, der wird dir geben, was dein Herz wünscht."*

Einer meiner Herzenswünsche war es, gleich nach meinem Examen als Säuglingsschwester die Ausbildung zur Hebamme zu absolvieren. Doch Gott hatte einen anderen Plan für mich, einen wunderbaren Segensplan. Er wollte mir einen Herzenswunsch erfüllen, der zunächst gar nicht danach aussah.

Ich hatte meinen ersten Zeitblock in Brasilien hinter mir und ein Heimatbesuch stand an. Sollte sich mein Wunsch erfüllen, indem ich in diesen Wochen den Beruf der Hebamme erlernte? Nein, das war nicht möglich. Ich hätte zu lange in Deutschland bleiben müssen. Wie schade, insbesondere, da mir die Not, die ich in Brasilien bei vielen Geburten erlebt hatte, schwer auf dem Herzen lag. Dort waren nämlich stets die Zauberer oder Spiritisten oder Freimaurer und die so genannten Waldhebammen zur Stelle und wandten ihre „Hilfe" anhand vieler okkulter Praktiken an. Ich aber stand daneben, hätte den Dienst verrichten können, aber ohne eine staatliche Zulassung wollte ich es nicht tun.

Umso dankbarer war ich, dass ich in Frankfurt wenigstens ein paar Wochen auf einer Entbindungsstation arbeiten durfte. Die dort verlebte Zeit war sehr segensreich und prägend für meinen weiteren Dienst.

Wieder zurück in Brasilien, trat ich zusammen mit einer freien Hebamme einen zweijährigen Vertretungsdienst auf der Entbindungsstation eines Krankenhauses in Joinville im Staat Santa Catarina an. Dort arbeiteten auch einige unserer deutschen Schwestern. Auch wenn es kein Schulbetrieb in der Vorbereitung auf ein Examen war, so war der Dienst dennoch – wie ich wenig später erfahren sollte – sehr wertvoll für mein weiteres Leben. Wo sich mir die Gelegenheit bot, sagte ich mit großer Freude das Evangelium weiter. Außerdem konnte ich während der Zeit auf der Wöchnerinnenstation meinen schriftlichen Sprachkurs abschließen. Hierzu war zwar mein gesamter Fleiß gefordert, aber es lohnte sich.

Als dieser Vertretungsdienst beendet war, übernahm ich die Verantwortung auf einer Missionsstation im Inneren des Landes. Dort richteten wir ein Ambulatorium ein, um neben dem Dienst der Verkündigung sowohl kranken Menschen als auch bei Geburten helfen zu können. Wieder tauchte der Wunsch nach einem anerkannten Abschluss in meinem Herzen auf, da ich die Dienste in dem neuen Ambulatorium nicht ohne staatliche Genehmigung verrichten wollte und konnte. Zusammen mit unserem verantwortlichen Missionar ging ich also in Curitiba, der Hauptstadt des Staates Parana, von Behörde zu Behörde. Dort erfuhren wir von einem zuständigen Arzt, dass es die Möglichkeit gab, in vier Wochen das Hebammenexamen abzulegen. Hatte ich richtig gehört? Ich konnte es kaum glauben! Es sei die letzte Gelegenheit, das Examen auf diese Weise zu machen, denn nach einem neuen Gesetz sei dieser Abschluss nur noch mit einem brasilianischen Universitätsabschluss möglich. Jetzt aber galt noch die Bedingung, dass ich zwei Jahre unter ärztlicher Aufsicht auf einer brasilianischen Entbindungsstation gearbeitet haben musste – eben meine zwei Jahre Vertretungsdienst in Joinville. Wie wunderbar hatte Gott alles vorbereitet!

Eine weitere Voraussetzung war das schriftliche Sprachexamen, denn wie hätte ich mich sonst bei den schriftlichen Prüfungen sachgemäß ausdrücken können? Das hatte es allerdings in sich. Schon nach dem schriftlichen Examen schieden zwei Drittel der Bewerberinnen aus. Es folgten die praktischen Prüfungen, die sehr streng beurteilt wurden. Eine Prüfungskommission beobachtete jede Teilnehmerin und stellte ihr gezielt

Fragen. Den Abschluss der Examenswoche bildete die mündliche Prüfung.

Als alles geschafft war, saßen wir im Schwesternkreis beim gemeinsamen Bibellesen zusammen. Der angegebene Text der Tageslese war 2. Mose 2, in dem die Geburt von Mose erzählt wird. In der portugiesischen Übersetzung stand: *„Und Gott war den Hebammen gut."* Das war für mich der krönende Abschluss meines gut bestandenen Examens. Nun, im Jahr 1964, hatte ich nach neun Jahren endlich ein Diplom in der Landessprache in der Hand und konnte mit staatlicher Erlaubnis ungehindert und überall meinen Dienst verrichten. Schließlich erfuhr ich im Nachhinein, dass in Brasilien kein ausländisches Examen anerkannt wurde. Hätte ich also meine Hebammenausbildung bereits in Deutschland gemacht, sie hätte mir nichts genutzt.

Buchstäblich hatte ich wie schon so oft erlebt: *„Habe deine Lust am Herrn, der wird dir geben, was dein Herz wünscht."* Das Geheimnis liegt dabei in der ersten Hälfte des Verses – habe deine Lust am Herrn!

Einen Missionsarzt wollte ich heiraten. In Brasilien musste ich viele Dinge wagen, die in Deutschland nur ein Arzt tun durfte, einfach um ein Menschenleben zu retten. Deshalb gab man mir irgendwann den Namen „*Urwalddoktor*". Aber ich bekam auch noch andere Namen …

Ein anderer Herzenswunsch war gewesen, Mutter zu werden. Auch diesen Wunsch wusste Gott wunderbar zu erfüllen. Oft durfte ich erleben, dass Frauen und Männer zu mir sagten: „Du bist uns mehr als unsere Mutter" und ich wurde „Mutter des Volkes" oder „Buschmutter" genannt.

Schließlich wollte ich auch Kinder haben, mindestens ein halbes Dutzend. Gott schenkte mir mehr als ein halbes Dutzend, er vervielfachte diesen Wunsch – etwa 2000 Kinder sind es im Lauf von fast 40 Jahren geworden!

Wenn wir unsere Herzenswünsche Gott ans Herz legen, dann weiß er sie recht zu erfüllen und zu seiner Zeit einen wunderbaren Segensplan daraus zu machen.

Felsen, die sprechen

Brasilien ist ein Land voll krasser Gegensätze. Ich denke vor allem an den prunkvollen Reichtum, der sich in vielen Villen verbirgt, aber auch an die schreiende Armut, Brutalität und Kriminalität, die in den stark wachsenden Favelas herrscht. Aber Brasilien hat auch viele Attraktionen aufzuweisen, Schönheiten, die eine deutliche Sprache Gottes vermitteln. Ich möchte nur einige erwähnen:

Da sind die rund 250 wunderschönen Wasserfälle, die der Iguacufluss kurz vor seiner Mündung in den Parana in der Gegend von Fóz gebildet hat. „Fóz" bedeutet „Mündung", und so wurde auch die Stadt benannt. Darum heißen sie die Wasserfälle von Fóz do Iguacú. Wirklich, ein einzigartiges Schauspiel und Wunderwerk Gottes, das man sowohl von der brasilianischen als auch von der argentinischen Seite aus betrachten kann. Es sollen die schönsten Wasserfälle der Welt sein. Jemand, der die Niagara-Wasserfälle zwischen Amerika und Kanada besuchte und dann in Fóz war, soll gesagt haben: „O, du kleiner Niagara!" Auch der einzigartige schöne Regenbogen über den Wasserfällen, der mit seinen sieben leuchtenden Farben Brasilien und Argentinien verbindet, beeindruckte mein Leben tief. Das war kein Menschenwerk. Solch eine Verbindung vermag nur der lebendige Gott zu schaffen, sie erinnerte mich an die einzigartige Brücke, die Gott durch Jesus zu uns Menschen geschaffen hat, aber auch an Gottes Treue, die bis heute über meinem Leben steht. Es faszinierte mich auch, zu beobachten, wie die sprudelnden Wassermassen mit Wucht über die Felsvorsprünge schossen, um dann im Flussbett ganz ruhig der Mündung entgegenzufließen. Ich wurde daran erinnert, dass es in meinem Herzen auch manchmal heftig sprudelte und wütete, je nachdem, was es gerade zu verkraften gab. Wie wohltuend war es dann aber auch, wenn es in mir wieder still wurde und der Friede Gottes mich neu erfüllen konnte. Das war meistens mit Buße und Vergebung verbunden.

Kurz bevor man in den Nationalpark gelangt, der zu den Wasserfällen führt, kann man eine herrliche Vogelwelt bewundern. Die zahmen Tukane mit ihrem farbenprächtigen Gefieder kommen einem schon entgegen.

In Rio de Janeiro war es neben dem Zuckerhut der segnende Christus auf dem Corcovado, 700 Meter über dem Meeresspiegel, der mein Herz fesselte. Die Statue wurde 1931 eingeweiht und hat eine Höhe von 38 Metern. Allein die Spannweite der Arme beträgt 28 Meter. Millionen von Menschen standen schon unter den Armen oder haben sich vor der Statue fotografieren lassen und sind doch ohne lebendige Beziehung zu Jesus Christus wieder fortgegangen. Die Steinmasse von 1320 Tonnen, die zum Bau der Statue verwendet wurde, kann uns nicht segnen und auch kein Leben vermitteln, weil sie es nicht hat. Aber sie will unser Herz zu dem hinwenden, der allein die Quelle des Lebens ist, Jesus Christus, der Sohn des lebendigen Gottes. In Psalm 36,10 lesen wir: *„Bei dir ist die Quelle des Lebens."*

Doch wie verhält es sich mit den Felsen, die sprechen? Gibt es die auch in Brasilien? Ja, die gibt es. Nicht weit von Rio de Janeiro, der schönsten Hafenstadt der Welt entfernt, in der Nähe von Teresopolis, kommt man in eine herrliche Bergwelt. Ein Höhenzug dieser Gebirgskette nahm mein Augenmerk schon einige Male gefangen. Er heißt das Orgelgebirge. Da gibt es eine Felsengruppe, die die Form einer zusammengeballten Hand hat. Beim genauen Hinschauen meint man, die Mittelknochen der Hand zu sehen. Das Besondere aber ist, dass der Zeigefinger schnurstracks nach oben zeigt. Darum trägt er auch den Namen „Dedo de Deus" (Finger Gottes). Manchmal ist diese Felsengruppe in Nebel gehüllt und man kann unter Umständen lange warten, bis man sie wieder sieht. Auch das ist eine Sprache Gottes. Nicht immer können wir den Finger Gottes in allem Geschehen erkennen, aber er ist da! Auf der Asphaltstraße, die in der Nähe des Felsens vorbeiführt, sind Parkbuchten angelegt worden, weil viele Touristen diesen einmaligen Anblick mit dem Fotoapparat festhalten möchten. Doch wer von ihnen vermag das Reden Gottes zu vernehmen, der uns durch diesen Felsen an die Ewigkeit erinnern will?

Und wieder ist es Gottes ewig gültiges Wort, das uns wie der Zeigefinger nach oben weist und sagt: *„Lasset uns aufsehen auf Jesus, den Anfänger und Vollender des Glaubens"* (Hebräer 12,2). Mit diesem Wort lässt es sich leben in kranken und gesunden Tagen und erst recht, wenn wir uns vor den Toren der Ewigkeit befinden.

Schnell zum Briefkasten

In Deutschland gehört es wie selbstverständlich zum Alltag, dass man jeden Tag seine Post aus dem Briefkasten holt. In Brasilien funktioniert dieses System auch – oder auch nicht, je nachdem, wo man stationiert ist.

Da meine Einsatzorte meist im Inneren des Landes lagen, erfuhr ich sehr schnell, dass es nicht selbstverständlich ist, Post zu bekommen oder sie problemlos verschicken zu können.

Auf der einen Missionsstation waren Post und Briefkasten 100 km entfernt, auf der anderen „nur" 30 km. Und wenn ich manchmal bei schlechten Wegverhältnissen die vielen Kilometer voller Sehnsucht, endlich Post aus der Heimat zu bekommen, zurückgelegt hatte, stand ich vor verschlossener Tür, weil die Post an diesem Tag aus irgendeinem Grund geschlossen hatte. Traurig musste ich dann wieder zurückfahren.

Auf einer meiner Stationen hatte der Beifahrer des Linienbusses das Amt, die Post zu verteilen. Bei jedem Halt an einem Marktflecken drückte er irgendjemandem, der gerade an der Haltestelle stand, das Postbündel für den Ort in die Hand.

Wieder einmal hatte ich seit langer Zeit keine

Post aus der Heimat erhalten. Vielleicht war der Postsack, wie so manches Mal, gleich am Hafen im Meer gelandet. Wie mochte es meinen Lieben und den Schwestern im Mutterhaus gehen? Todmüde kam ich abends nach einer Bibelstunde von einem entlegenen Gehöft nach Hause. Die halsbrecherische Fahrt hatte Kraft gekostet und ich wollte nur noch ins Bett. Doch was sah ich beim Anzünden der Kerze? Einen blau umrandeten Brief! Den musste jemand unter der Küchentür durchgeschoben haben. Im Nu war alle Müdigkeit wie weggeblasen. Ich lobte beim Lesen den Herrn und dankte ihm, dass er mich zu später Nachtstunde so zu erfreuen wusste. Erst nachdem ich den Brief zum wiederholten Mal gelesen hatte, bemerkte ich, dass er bereits seit über vier Wochen unterwegs war. Nach den schmutzigen Fingerabdrücken auf dem Umschlag zu urteilen, musste er sich auch schon einige Zeit in unserer Gegend herumgetrieben haben. So war es dann auch – der Beifahrer des Busses, der für die Verteilung der Briefe zuständig war, hatte ihn wohl aus Versehen schon einige Stationen vorher abgegeben. Er wanderte von Hand zu Hand und büßte einige seiner Briefmarken ein, bis er schließlich unter meiner Küchentür landete.

Wenn ich den Brasilianern, die in meiner Umgebung fast alle Analphabeten waren, von meiner großen Sehnsucht nach Post aus der Heimat erzählte, mussten sie lachen und konnten mich nicht verstehen. Sie bekamen so gut wie nie Post. Wenn sie einmal etwas zu schreiben hatten, kamen sie zu mir, und ich schrieb für sie den Brief.

Nur einmal habe ich diese Bitte abgelehnt. Es ging darum, einen Liebesbrief zu beantworten. Ich fragte das 13-jährige Mädchen, was ich schreiben sollte. Sie antwortete mir: „Schreiben Sie das, was Sie fühlen. Nun, Sie wissen schon, was man halt so tief drinnen empfindet." Wie war sie bitter enttäuscht, als ich ihr sagte, dass ich so gar nichts für ihren Verehrer empfand. Unverrichteter Dinge zog sie mit Papier und Bleistift wutentbrannt nach Hause.

Abenteuer gratis

Einmal wurde ich zu einer jungen Frau gerufen, die ihr zweites Kind erwartete. Die beiden Männer, die durch den Wald zu mir geritten waren, waren sich nicht sicher, wie es um die Frau stand – sie baten mich nur inständig, zu kommen. Der Bürgermeister stellte mir einen geländegängigen Wagen und einen Fahrer zur Verfügung. Schnell hatte ich alles für die Geburt zusammengepackt. Die Männer, die mehrere Stunden unterwegs gewesen waren, hatten inzwischen die Pferde an einen Baum gebunden und stiegen mit in den Wagen, da sie uns ja den Weg zeigen mussten.

Es war gegen 17.00 Uhr, als wir auf zunächst asphaltierter Straße aufbrachen in eines meiner zahlreichen „Gratisabenteuer". Die Fahrt ging quer durch das Dickicht des Waldes: Bald sah man schaurige Abgründe, dann wieder steile Felsen, Geröllfelder und undurchdringlicher Wald wechselten sich ab. Nur gut, dass wir in einem Geländewagen mit Allradantrieb saßen und der Fahrer solche Strecken kannte. Nachdem wir ungefähr 60 km Fahrt zurückgelegt hatten, kamen wir in einen kleinen Marktflecken, der damals nicht mehr als zehn Häuser umfasste.

Einer der Begleiter meinte: „Hier müssen wir den Wagen stehen lassen, ab hier geht es nur noch mit dem Pferd weiter."

„Aber ich habe noch nie auf einem Pferd gesessen", wandte ich ein.

„Das macht nichts, Schwester. Alles macht der Mensch irgendwann zum ersten Mal. Wir besorgen Ihnen ein zahmes Pferd", und damit waren sie verschwunden.

Nach geraumer Zeit kamen sie mit den geliehenen Pferden zurück und ich bekam das nach ihrer Ansicht zahmste. So beluden sie das Reittier mit meiner Tasche, vollgepackt mit Geburtsmaterial, Medizin und Säuglingswäsche – und mit mir. Tapfer trabte das Pferd durch kleine Flüsse, über Geröllhalden, bergauf und bergab auf schmalen Pfaden immer tiefer in den Wald hinein, dessen Zweige über mir zusammenschlugen. Immer fester umschlang ich den Hals meines Pferdes, schließlich wollte ich nicht mit den Haaren im Baum hängen bleiben wie Absalom. Es war schon stockfinstere Nacht, als wir endlich von lautem Hundegebell begrüßt wurden, froh, endlich unser Ziel erreicht zu haben.

In der kleinen Holzhütte warteten unzählige Menschen. Wo kamen die bloß alle her, weit und breit war keine andere Hütte zu sehen? Später erfuhr ich, dass sich sowohl bei einer Geburt als auch bei einem Todesfall alle Menschen, die nur irgendwie zu erreichen sind, einfinden. Ganz nebenbei bat mich ein Mann: „Bitte, leih mir dein Pferd. Ich habe meinen kranken Vater schon so lange nicht mehr besuchen können." Und das mitten in der Nacht! Es blieb mir nichts anderes übrig, als mein geliehenes Pferd weiter zu verleihen – das schien in dieser Gegend üblich zu sein. Ich dachte nur: Hoffentlich kommt der Mann auch mit dem Pferd wieder.

In der Ecke eines Raumes lag das ungefähr zwei Jahre alte erste Kind der Frau in einer Holzkiste zwischen lauter Papier, schlief fest und bekam von dem nächtlichen Trubel nichts mit. Die junge Frau sah mich ängstlich an, weil ihre Schwägerin vor wenigen Tagen bei der Geburt des elften Kindes gestorben war. Sie war auf dem Weg zum Krankenhaus verblutet.

Die Angst der jungen Frau war durch die Androhung der Zauberer, sie werde das gleiche Schicksal erleiden, nur noch verstärkt worden. Aber es war kein Anlass zur Besorgnis für Mutter und Kind vorhanden. Sie hatte noch ein paar Schwangerschaftsmonate vor sich, und ich konnte ihr Mut machen, die Säuglingswäsche und einige Stärkungsmittel überlassen und mit ihr beten. Dadurch, dass ich sowieso noch auf mein Pferd warten musste, hatte ich sogar die

Gelegenheit, ihr noch mehr von Gott zu erzählen.

Der Autofahrer, der sich vor der Haustür auf einen Stein gesetzt hatte, wurde ungeduldig und sagte: „Mir graut vor der Rückreise. Nein, so eine Fahrt habe ich in meinem ganzen Leben noch nicht gemacht." Ich versicherte ihm, dass der Gott, der uns bis hierher gebracht hatte, auch wieder gut heimbringen würde.

Ein Wiehern kündigte die Rückkehr meines geliehenen Pferdes an, sodass wir endlich die Heimreise antreten konnten. Wir stärkten uns noch mit einem starken Kaffee, der uns auf der Rückfahrt wach halten sollte, dann brachen wir auf. Der Vollmond schien gespensterhaft durch die Bäume und der schmale Pfad bis zum Wagen schien endlos lang, und langsam machten sich meine Knochen bemerkbar.

Im Dorf machten wir die Pferde fest und fuhren todmüde und mit weichen Knien nach Hause. Um den Fahrer wach zu halten, erzählte ich ihm unterwegs noch manch gutes Wort von der rettenden Liebe Jesu. Gegen fünf Uhr morgens, also genau zwölf Stunden später, waren wir müde, aber dankerfüllt und behütet wieder zu Hause.

Einige Monate später erfuhr ich, dass die Frau ein gesundes Kind geboren hat – ein frohmachender und krönender Abschluss eines echten Abenteuers.

Der Platz, den Gott mir gab

Immer wieder werde ich gefragt, warum ich mir einen so einsamen Platz, weit weg von jeglichem kulturellen Leben, ausgesucht habe. Frohen und dankbaren Herzens bezeuge ich, dass nicht ich mir diesen Platz ausgesucht habe, sondern Gott. Ich wusste mich von ihm berufen und auf den Platz gestellt, den er für mich ausgesucht hatte, und obwohl unsere Missionsstation sehr einsam lag, waren meine Tage keineswegs langweilig, ja es ging mitunter recht interessant und abenteuerlich zu.

Stolz erzählte mir die Mutter eines Kindes, dem ich Wurmmittel verabreicht hatte, dass viele Würmer abgegangen seien. Damit das Kind jedoch nicht plötzlich ohne Würmer sei, habe sie aufgehört, die Medizin weiter zu geben. „Ein paar Würmer muss der Mensch doch bei sich behalten", lautete ihre einfache und logische Erklärung.

Überhaupt waren meine Patienten sehr erfinderisch bei der Diagnose ihrer Krankheiten. Allerdings sagten sie mir nicht, wo genau es wehtat, ich bekam eher zu hören:

„Schwester, das Kind hat Luft im Nabel, schon von Geburt an."

Es war überhaupt interessant, wo die Luft überall sitzten konnte: in den Augen, Ohren und Armen, in den Knochen und Gelenken, den Zähnen und im Blut. Wo fand ich dafür die richtige Medizin? Immer wieder stand ich betend vor meinen Medikamentenregalen und bat Gott um Weisheit und Gnade, die Medizin zu finden, die meinen Patienten helfen konnte.

Diese waren aber auch sehr hilfsbereit und zeigten mir genau, wo ich hinspritzen sollte. So bekam ich zum Beispiel zu hören: „Aber Schwester, mein Gesäß ist doch nicht krank! Sie müssen mir die Spritze in den Arm geben. Da habe ich meine Leberschmerzen. Das müssten Sie als studierte Frau doch wissen!" Wenige Tage später kam der Patient mit den angeblichen Leberschmerzen wieder und wollte die nächste Spritze haben. Er meinte, es müsse eine heilige Medizin gewesen sein, weil sie ihm sofort geholfen habe. Diesmal dürfe ich sie auch ruhig wieder an dieselbe Stelle spritzen.

Ein Mann, der zu meinen Dauerpatienten gehörte, sagte, er habe eine alte Lungenentzündung in der Lunge, die manchmal bis in den Bauch hinein wandere, er wolle eine Medizin, die das verhindere. Eine Frau wiederum klagte, sie habe das Gelenk in der Lunge gebrochen.

Solche Diagnosen stellen selbst die besten Spezialisten in Deutschland nicht!

Einmal musste ich einen Mann zum Arzt schicken. Ich bereitete alles vor, damit er die Fahrt und Konsultation nicht zu bezahlen brauchte. Wenige Tage später saß er – ziemlich enttäuscht – wieder vor meiner Tür. Ich fragte ihn, was denn der Arzt festgestellt habe.

„Nichts", war seine Antwort.

„Haben Sie ihm denn nicht gesagt, wo es weh tut?"

„Nein, das hätte er auf den ersten Blick von selbst wissen müssen. Dafür hat er doch studiert! Ich bleibe bei meiner Diagnose, die stimmt immer!"

Armer Mann, dachte ich, da ist wirklich guter Rat teuer.

Ein andermal erklärte ich einer Frau, dass sie ihrem Kind dreimal täglich einen gestrichenen Teelöffel voll Medizin geben sollte. Ganze viermal wiederholte ich meine Erklärung. Als ich sie einige Tage später fragte, ob sie die Medizin richtig verabreicht habe, kam prompt die Antwort: „Wir haben keine gestrichenen Teelöffel, aber dem Kind geht es schon besser."

Hier half keine Diskussion, sondern vielmehr ein stilles Gebet voll Vertrauen auf Gottes Barmherzigkeit.

Oft wollten Leute ein ganz bestimmtes Medikament. Sie hatten zwar den Namen vergessen, meinten aber, es bestimmt wiederzuerkennen. „Es war eine rote Flüssigkeit, die gut geschmeckt hat. Schwester, zeigen Sie mir einmal alle Medizin, die rot aussieht. Ich erkenne sie sofort wieder." Ein anderer wollte braune Tabletten, die selbst der Hund gerne fraß und auch das Schwein vom Nachbarn. Was mochten das für Tabletten sein?

Oder da war der Mann, der ein krampflösendes Mittel bekam, das ihm offenbar gut half. Als aber an drei darauffolgenden Tagen immer wieder dieselbe Medizin verlangt wurde, wurde ich stutzig und bat darum, den Patienten zu mir zu bringen. „Schwester, das ist nicht möglich, dann müsste ich alle Hühner herbringen."

In solchen Situationen war viel Durchblick, Geduld und Liebe nötig, um bei aller Unwissenheit recht zu helfen. Und solche Hilfe schloss die ganze Hausgemeinde, also Mensch und Vieh mit ein.

Eines Tages kam ein verzweifelter Mann zu mir und erklärte, dass sein Mutterschwein nicht warf. „Sie haben doch schon so viele Frauen entbunden. Können Sie mir nicht eine Medizin für mein Schwein geben? Es ist mein ganzer Reichtum, ohne mein Schwein bin ich ein bettelarmer Mann." Was sollte ich tun? Es stimmte, ich hatte schon viele Frauen entbunden, aber noch kein Schwein! Wieder einmal stand ich betend vor meinen Medikamentenregalen und bat den Herrn um Weisheit. Schließlich mixte ich dem Mann eine Medizin und bat ihn, er möge mir doch bitte Nachricht geben, was aus dem Schwein geworden sei. Schnell war er verschwunden. Nach einigen Wochen begegnete ich ihm unterwegs. Schon von Weitem rief er mir laut jubelnd zu: „Mein Mutterschwein hat elf Ferkel geworfen! Ich bin jetzt der reichste Mann."

Von den Wunderwirkungen der Medikamente erfuhr ich auch gelegentlich bei den Hausbesuchen. Da gab es viel zu staunen und zu danken, und der Blick wurde geweitet für Gottes unendliche Barmherzigkeit, Liebe und Treue, die alles Denken übersteigt und alle Unwissenheit überstrahlt.

Ilzinho

An den Namen der neugeborenen Kinder konnten wir immer erkennen, welche Geschichte zum Zeitpunkt ihrer Geburt gerade in der Sonntagsschule erzählt worden war. So hießen die Kinder Esther, David, Daniel, Debora, Ruth, Markus und so fort. Viele bekamen auch einen Doppelnamen, wie „Maria de Jesus" oder „Joseph Luiz" oder den Namen der Großeltern. Manchmal kam es sogar vor, dass die Nachbarn einen Namen erfanden.

Als wir die Geschichte von Nebukadnezar erzählten, sagte eine Frau: „Jetzt weiß ich einen Namen für unser nächstes Kind, und einen Nebukadnezar haben wir auch noch nicht in unserer Familie."

Die meisten Menschen in der Gegend hatten jedoch einen Spitznamen, der nichts mit dem eigentlichen Namen zu tun hatte. So gab es einen „Joseph, der Maler", der aber nie malen konnte, „Söhnchen", der mittlerweile selbst Vater von sechs Kindern war, aber von allen Leuten nur „Söhnchen" gerufen wurde. Oft wussten die Leute gar nicht, welcher Name auf ihrem Geburtsschein stand, sofern sie einen hatten. Es war mitunter für mich sehr schwer, eine richtige Karteikarte anzulegen, die ich zur Medikamentenkontrolle und für die Geburtsangaben benötigte. Oft wussten die Leute auch nicht genau, wie viele Kinder sie schon hatten. So bekam ich zum Beispiel einmal zu hören: sieben eigene, fünf großgezogene und dann sind noch welche irgendwo in der Welt. Was sollte ich da eintragen?

Einmal erlebte ich etwas Besonderes. Ich hatte eine Frau von ihrem ersten Kind entbunden, einem Sohn. Nun sollte er einen Namen bekommen, und die Eltern bestanden darauf, dass ich ihm einen Namen aussuchen sollte, weil alles so gut verlaufen sei. Ich lehnte ab mit der Begründung, dass die Namensgebung ein Vorrecht der Eltern sei. Sie bestanden aber darauf, dass das Kind etwas von mir bekommen sollte. Wie sollte das zugehen? Nach einigen Tagen kamen sie, riefen beglückt: „Jetzt haben wir's!", und zeigten mir den Geburtsschein, den sie gerade vom Standesamt bekommen hatten. Dort war als Name des Jungen „Ilzinho", zu Deutsch „Ilschen", eingetragen. Solange er noch ein Baby war, fanden alle den Namen schön, aber er blieb ja kein Baby. Jahre später begegnete er mir als stattlicher junger Mann und stellte sich mir als Ilzinho vor. Und so läuft er nun bis heute durch die Welt …

Zezinho

Ein hübscher junger Mann stand vor mir und fiel mir um den Hals. Wer mochte das sein? Ich war zunächst erschrocken und fragte ihn nach seinem Namen. „Aber, Schwester Ilse, ich bin Zezinho und bin gekommen, um Ihnen für alle Korrekturen zu danken, die Sie mir mit auf den Weg gegeben haben. Was ich bin, bin ich durch Sie geworden."

Für Korrekturen hatte sich bis jetzt noch niemand bei mir bedankt. Doch als er seinen Namen nannte, war es so, als öffnete jemand ein Fenster und Zezinho stand vor mir, wie ich ihn erlebt hatte.

Sein richtiger Name war Jose Luiz, doch in Brasilien wird häufig die Verkleinerungsform benutzt und an viele Wörter die Endungen „inho" oder „zinho" gehängt. So heißt Zezinho zu Deutsch: Josephchen. Meistens behalten die Menschen ihren Kosenamen das ganze Leben. Nur in den Dokumenten steht der richtige Name, den aber viele nicht wissen, was aber niemanden stört.

Ich konnte mich noch gut an meine erste Begegnung mit dem Jungen und seiner Familie erinnern. Sie kamen aus dem Inneren des Landes und waren sehr arm. Zezinho war damals neun Jahre alt und sollte eingeschult werden, doch das Klassenzimmer war nicht seine Welt. Er spielte viel lieber oder half mir bei der Gartenarbeit, die er sehr gut verrichtete.

Eines Tages fragte er: „Schwester Ilse, muss der Mensch noch weiter als bis zehn zählen können?" Das bejahte ich natürlich. Doch wie sollte ich ihm das beibringen? Ich hatte ihm die Zahlen bis 20 vorgesprochen, wir hatten sie mehrmals zusammen aufgesagt, dann hatte er sie allein wiederholt – doch alles schien vergeblich. Dann lud ich ihn gegen Abend in meinen Jeep ein, wir fuhren ein Stück und zählten die Fledermäuse, die vor uns mal nach rechts, dann wieder nach links flogen. Immer wenn wir zehn gezählt hatten und die elfte in Sicht war, sagte Zezinho: „Schwester Ilse, da ist noch eine und dort kommt auch noch eine." Das war's.

Dann versuchten wir es mit Kakerlaken, die unsere Behausung von Zeit zu Zeit heimsuchten. Am Abend spritzte ich Gift und am nächsten Morgen fanden wir einen Friedhof von Kakerlaken vor. Wir knieten uns beide nieder und zählten. Bis zehn ging alles wie am Schnürchen, doch dann wartete Zezinho ein wenig und sagte: „Schwester Ilse, es sind immer mehr als zehn."

Solcher Art gab es einige Anläufe, bis es – nachdem ich die Hoffnung fast aufgegeben hatte – mit Streichhölzern endlich „klick" machte.

Ein Vierteljahr später brachte Zezinho ein Zwischenzeugnis nach Hause, das eher traurig aussah. Von 240 möglichen Punkten hatte er nur 29! Wie sollte er das Jahresziel schaffen? Von zu Hause konnte er keine Hilfe erwarten, seine Mutter hatte nie eine Schule besucht und der Vater, der die ganze Woche als Fischer auf dem Fluss war, konnte grade mal seinen Namen schreiben.

So erteilte ich ihm, wenn möglich, jeden Tag Nachhilfestunden. Die Buchstaben lernte er schnell, doch mit den Wörtern war es schon schwieriger. Da saß er oft vor seinem Blatt Papier und wusste nicht, was er schreiben sollte. „Schwester Ilse, wird Frosch mit dem F von Fliege oder mit dem V von Vogel geschrieben?" Als das Problem geklärt war, kam das nächste. „Wird das F so herum – er zeigte nach rechts – oder so herum – er zeigte nach links – geschrieben?" Auch das Problem konnten wir lösen. Und wieder saß er grübelnd vor seinem leeren Blatt. Schließlich meinte ich: „Zezinho, wir werden jetzt erst einmal beten." Darauf kam prompt seine Antwort: „Schwester Ilse, ich habe schon für Sie gebetet." Dabei strahlte er über das ganze Gesicht und ich war entwaffnet.

Auch zu Hause übte er mit Hilfe seiner Mutter

und erstaunlicherweise wurden seine Zensuren allmählich besser, sodass er tatsächlich versetzt werden konnte. Am Ende hatte sich alle Mühe gelohnt – das war wirklich ein Grund, Gott von Herzen zu danken!

Als ich kurze Zeit danach zum Heimataufenthalt nach Deutschland fuhr, bekam ich eines Tages einen Brief aus Brasilien, dessen Absender ich nicht kannte. Ich war tief bewegt, als ich nach dem Öffnen des Briefes feststellte, dass es ein Dankesbrief von Zezinhos Mutter war, die durch die Nachhilfestunden ihres Sohnes auch das Schreiben gelernt hatte. Das Lesen hatte sie schon vorher anhand der Bibel gelernt, was ihr Mut machte, ihr Leben unter die Führung Gottes zu stellen. Eine große Freude war, dass auch Zezinho ein Leben mit Gott führen wollte. Er hatte die Grundschule erfolgreich abgeschlossen und schrieb sich bei dem Gymnasium in unserer Kreisstadt ein. Abend für Abend fuhr er mit dem Schulbus nach Querencia, ungefähr 27 Kilometer weit. Tagsüber arbeitete er auf dem Feld. Das erste Jahr brachte er gut hinter sich, aber bis zum Abschluss musste er einige Male ein Schuljahr wiederholen.

Dann startete er ins Leben und eröffnete einen kleinen Tante-Emma-Laden. Als ich ihn auf einer meiner Besuchsreisen in seinem Laden antraf, war er optimistisch und erzählte mir stolz, dass er schon viele Kunden hätte. Er würde seine Ware einfach 50 Cent billiger verkaufen als die anderen, damit gewönne er Kunden. Die meisten Menschen kauften ihre Ware jedoch auf Pump und eines Tages musste Zezinho sein Geschäft wieder aufgeben und sich eine andere Arbeit suchen.

Darüber war eine Reihe von Jahren vergangen und nun stand er vor mir. Inzwischen hatte er sich ein Haus gebaut und war glücklich verheiratet. Seine Frau Neuza lernte ich auch kennen, sie war Lehrerin. Ich konnte mich freuen, wie schön und praktisch sie ihr kleines Häuschen eingerichtet hatten. Ihr Gärtchen war sauber und einladend, die Salatpflanzen standen schnurgerade, Mandioca, Süßkartoffeln und Zwiebeln warteten auf die Ernte.

Inzwischen haben sie mir ein Foto von ihrem ersten Söhnchen geschickt und ich befehle sie betend dem Herrn Jesus an. Er wird ihnen weiter den rechten Weg zeigen und sie in seiner Pflege behalten.

Priscila gehört auch dazu

Ja, Priscila gehört auch zu meinen Kindern, und das in doppelter Weise. Sie war das erste Kind einer jungen Ehe, ihre Eltern hatten in unserer Kirche geheiratet. Die Schwangerschaft verlief normal und auch die Geburt war komplikationslos. Drei Kilometer von uns entfernt betrieb der Großvater Priscilas mit seinen Söhnen ein kleines Landgut. Oft lud er sonntags alle, die zur Familie gehörten, in seinen Pferdewagen und brachte sie zum Gottesdienst. Nun freuten sich also alle über die kleine Enkelin und Nichte.

Ich hatte inzwischen schon die nächste Frau entbunden, als Sergio, der Vater der kleinen Priscila, gegen Mittag an der Tür stand. Auf meine Frage, wie sie die erste Nacht zu dritt verbracht hätten, sagte er, dass die Kleine zwar fast die ganze Nacht geschlafen, doch gegen Morgen Blut erbrochen habe. Das war kein gutes Zeichen! Ich packte Vitamin-K-Präparate und Ampullen mit physiologischer Kochsalzlösung ein und machte mich auf den Weg. Es war Mitte Dezember und drückend heiss! Das Thermometer zeigte 70° C in der Sonne an, was mindestens 40° C im Schatten bedeutete. Die Erdpiste war kaum befahrbar, an vielen Stellen aufgebrochen, und zwar nicht vom Regen, sondern von der Hitze.

Als ich bei der jungen Familie ankam, hatte die Kleine wieder Blut erbrochen und abgeführt. Ich wurde an meine Zeit in der Kinderklinik erinnert, wo ich das bereits bei Neugeborenen erlebt hatte. Diese Erkrankung, Meläna genannt, ist nicht erblich und tritt nur ganz selten in den ersten Lebenstagen auf. Über die Behandlung war ich mir gleich im Klaren: Vitamin-K-Präparate und Bluttransfusionen, dann aber auch gleich ins Krankenhaus.

Ich spritzte ihr Vitamin-K und machte mich mit Vater und Kind auf den Weg in die Stadt. Nach wenigen Kilometern stand ein großer LKW quer auf der Straße. Was nun? Ich drehte meinen Wagen und schlug einen Weg ein, der weiter, aber wenigstens befahrbar war. Was man in solchen Situationen an inneren Zerreißproben durchlebt, kann man nicht beschreiben. Doch Gott hörte unser inneres Flehen.

In der Stadt angekommen, mussten wir zuerst zum Standesamt fahren, um das Kind registrieren zu lassen, sonst hätten wir es nicht ins Krankenhaus bringen können. Als die Standesbeamtin das kreidebleiche Kind sah, handelte sie umso schneller, verlangte auch kein Geld für den Geburtsschein. Die Ärzte wussten allerdings keinen anderen Rat als den, den ich schon befolgt hatte – eine gezielte Behandlung mit Vitamin K. Als es der Kleinen besser ging, kehrten wir auf Anraten der Ärzte nach Porto Brasilio zurück mit der Anweisung, ins Krankenhaus von Loanda, der nächsten Kreisstadt, zu fahren, sollte die Blutung wieder einsetzen. Um sicherzugehen nahm ich die Kleine mit zu mir. Nur wenige Stunden später setzte erneut eine massive Blutung ein, sodass uns Missionar Kahl ins 50 Kilometer entfernte Loanda fuhr.

Der Kinderarzt war sofort zur Stelle und meinte, dass er einen solchen Fall in seiner Praxis noch nicht erlebt hätte. Er bestätigte, dass die Vitamin-K-Behandlung in jedem Fall das Richtige wäre, eine spezielle Behandlung jedoch unerlässlich sei, die allerdings eine Bluttransfusion erforderte. Also wurden Blutproben von uns genommen. Die Blutgruppe des Vaters und des Pastors stimmten nicht mit der des Kindes überein. Nun war ich an der Reihe, und meine war die richtige. Gerne spendete ich dem Kind einen halben Liter Blut, der ihm nach und nach im Wechsel mit physiologischer Kochsalzlösung zugeführt wurde. Es war nicht das erste Mal, dass ich mich für einen solchen Zweck zur Verfügung stellte. Wenn es nur der kleinen Priscila das Leben erhalten würde …

Betend legten wir das Kindlein in Jesu Hände und baten auch um Weisheit für den Arzt und sein Team. Spät in der Nacht kehrten wir nach Porto Brasilio zurück.

Zehn Tage lang hing das Leben von Priscila an einem seidenen Faden. Dann endlich benachrichtigte mich der Arzt: „Wenn das Kind unter Ihrer Kontrolle bleibt, können wir es entlassen." Das war eine echte Weihnachtsbotschaft, denn es ging mittlerweile auf Ende Dezember zu.

Priscila entwickelte sich gut und es traten keine Komplikationen mehr auf. Auch die Mutter hatte trotz durchlebtem Kummer genügend Milch, ihr Kind zu stillen. Wie freuten wir uns alle mit und dankten Gott!

Priscila bekam bald darauf noch eine Schwester, Lidia, und nach mehreren Jahren folgte Mateus, ein Brüderchen. Auch er ist gesund herangewachsen.

Abgesehen von Krämpfen, die sich bei Priscila im Alter von zehn Jahren einstellten und durch krampflösende Mittel entschärft wurden, machte das Mädchen eine gute Entwicklung – auch in der Schule. Sie war musikalisch und brachte ihre Gaben in der Gemeinde ein, denn sie wollte zu Jesus gehören. Gerne wäre sie auf die Uni gegangen, doch die Eltern konnten die finanziellen Mittel nicht aufbringen. So suchte sie sich Arbeit in einer Apotheke. Sie war sehr lernbereit und zuverlässig und die Apothekerinnen mochten sie gerne.

Auf einer meiner Besuchsreisen hat sie mir den Blutdruck gemessen, sozusagen als kleine Gegenleistung für die Blutspende von damals. Sie scherzte: „Ich möchte auch einmal nach Deutschland kommen, ich habe doch deutsches Blut in mir." Ihr Vater meinte daraufhin: „Solange du keine Zwiebeln isst, kannst du nicht nach Deutschland fahren – dort vertilgen sie Unmengen von Zwiebeln!" Zwar ist das Gegenteil der Fall, in Brasilien werden mehr Zwiebeln verspeist als in Deutschland, doch bei der letzten Begegnung flüsterte sie mir ins Ohr: „Weißt du, ich esse jetzt Zwiebeln, jedenfalls schlucke ich sie einfach im Ganzen runter!"

Unlängst habe ich erfahren, dass Priscila glücklich mit einem gläubigen Mann aus unserer Gemeinde verheiratet ist. Gott wolle die Ehe segnen!

Elisabete und Rosinha

Elisabete und Rosinha wohnten nicht weit entfernt von unserer Missionsstation. Eines Tages fragte mich der Vater von Elisabete, ob ich ihr nicht etwas fürs Leben beibringen könnte? Sie war mit zwölf Jahren die Zweitälteste einer kinderreichen Familie. Einige Tage später kam auch der Vater von Rosinha mit derselben Bitte zu mir. Beide Elternpaare gehörten zu unserer Missionskirche und beide Mütter hatte ich schon einmal entbunden. Gerne kam ich dieser Bitte nach. Obwohl ich mir noch nicht richtig vorstellen konnte, wie ich das „Beibringen" realisieren sollte.

Sie kamen also morgens, wie ausgemacht, um 8.00 Uhr zum Frühstück. Das kannten sie von zu Hause nicht. Da gab es wie in den meisten brasilianischen Familien kein Frühstück. Ein Schluck schwarzer Kaffee, das war's. Jetzt saßen sie an einem gedeckten Frühstückstisch mit selbst gebackenem Brot und Marmelade. Das war für sie ein Fest. Doch vorher musste man noch die Hände waschen. Auch das noch! Das waren sie nun überhaupt nicht gewohnt. Kein Wunder, denn es gab ja nirgends Wasser, es sei denn, man hatte einen Brunnen auf dem Grundstück oder einen Bach in der Nähe. Wir hatten einen Brunnen, der zwar durch einen neuen ersetzt werden sollte, doch vorerst konnten wir ihn noch benutzen. Außerdem begnügten wir uns oft mit Regenwasser, das wir aus der Regentonne hinter unserem Haus holen konnten, sofern sie gefüllt und das Wasser nicht gefroren war! Das geschah natürlich nur im Winter, der auch in Brasilien, besonders in den Nächten, grimmig kalt sein konnte!

Nach dem Frühstück mussten wieder die Hände gewaschen werden. Jetzt waren also die Finger sauber, die Nase aber noch nicht. Dafür musste normalerweise der Blusenärmel herhalten oder ein Zipfel vom Kleid. Ein Taschentuch besaßen sie nicht, doch das gehört nun einmal auch zum Leben. Dann halfen sie mir bei der Hausarbeit. Da gab es immer etwas zu putzen und aufzuräumen. Selbstverständlich wollten sie auch lernen, wie man einen Brotteig zubereitete, um diesen dann auch zu Hause einzuführen. Wir hatten ja in der ganzen Gegend keine Bäckereien. Zwar eröffnete eines Tages ein Bäcker ganz in unserer Nähe einen Laden und von überall her kamen die Leute mit Beuteln, um Brot zu kaufen. Doch nach acht Tagen fiel der Ofen in sich zusammen und die Bäckerei war schon wieder Vergangenheit.

Bei mir gab es auch jede Menge Wäsche zu waschen. Das brachte der Dienst an kranken

Menschen mit sich. Doch meine beiden Hilfen kannten von zu Hause nur eine ziemlich ungeeignete Methode, Wäsche zu waschen. Da wurden die nassen Kleidungsstücke tüchtig eingeseift und dann auf einem Brett geschlagen. Anschließend packte man alles in eine große Schüssel, trug es auf dem Kopf zum Fluss, spülte es und warf es entweder über einen Stacheldraht oder hängte es zum Trocknen auf Bananenblätter. Alles Weitere musste die Sonne tun, das Bügeln war ihnen fremd.

Wie ganz anders behandelte ich meine Wäsche. Sie lernten, wie man eine Wäscheleine zieht und die gewaschene, gespülte und ausgeschlagene Wäsche je nach Gattung anklammert, sodass System und Ordnung darin war. Nach dem Trocknen wurde alles schön zusammengelegt. Das konnte das Bügeln wesentlich erleichtern.

Diese Methode führten sie auch zu Hause ein und ich freute mich jedes Mal, wenn ich durch den Ort ging und die gewaschene Wäsche da und dort ordentlich aufgehängt sah. Zu Hause hatten sie bis dahin die getrocknete Wäsche in einen Plastiksack gesteckt. Wenn ein Wäschestück gebraucht wurde, musste der Sack gründlich durchwühlt werden. Weil die meisten Leute kein Bügeleisen hatten, liefen sie dann oft ganz zerknittert herum.

Elisabete und Rosinha führten in ihrem Elternhaus nach und nach viele Neuerungen ein. Das sahen die Nachbarn und machten es nach. So erreichte ich im Laufe der Zeit manche Wandlung des Lebensstandards, ohne die Kultur ändern zu wollen. Eines Tages kam die Großmutter von Elisabete zu mir, um sich dafür zu bedanken, was sie durch ihre Enkelin gelernt hatte. Sie habe auch gemerkt, dass die Wäschestücke viel länger haltbar seien, wenn sie richtig behandelt würden.

Parallel zur Hauswirtschaft haben Elisabete und Rosinha auch in der Krankenpflege viel gelernt, ja, sie wurden mir mit der Zeit echte Hilfen. Dazu gehörte auch, dass sie ordentlich gekleidet waren.

Rosinha musste bei ihren jüngeren Geschwistern schlafen, da nicht genug Platz war für ein eigenes Bett pro Kind. Da keins von den Kindern einen Schlafanzug oder ein Nachthemd hatte, kam es vor, dass die kleineren Geschwister ihr „Bächlein" laufen ließen und Rosinhas Kleid damit tränkten, das sie ja auch in der Nacht am Leibe trug. Dementsprechend war der Geruch, den sie am nächsten Tag verbreitete. Es war klar, sie brauchte frische Wäsche für den Tag und für die Nacht.

Die Mutter von Elisabete konnte gut nähen. Gerne erklärte sie sich bereit, für meine beiden

Hilfen etwas Passendes zu nähen. Jede bekam noch eine weiße Schürze, sodass sie schmuck gekleidet waren. Die Schürze blieb am Abend, wenn sie nach Hause gingen, bei mir, damit sie nicht „aus Versehen" zum Holzholen oder als Einkaufstasche oder als Kopftuch benutzt werden konnte …

Als ich meine beiden Mädels nach ein paar Monaten fragte, ob sie schon etwas gelernt hätten, gaben sie zur Antwort: „Ja, Schwester Ilse, Hände waschen! Wir haben uns hier die Hände in einem Monat mehr gewaschen als sonst in einem Jahr!"

Beide hatten die Grundschule erfolgreich abgeschlossen und konnten gut lesen und schreiben. Wir lasen zusammen so manchen Beipackzettel von Medikamenten. Nach und nach wurden sie mit der gängigen Medizin vertraut und die Krankenpflege bereitete ihnen große Freude. Schnell wussten sie, was alles zur Ausrüstung für eine Geburt nötig war, und ich war erstaunt, an was sie alles dachten, als ich sie bat, mir den kleinen Hebammenkoffer für die nächste Geburt zu richten. Es fehlte wirklich nichts – vom Tropf mit Blutersatzlösung bis zu einem mit Kochsalzlösung, von den entsprechenden Kanülen bis zu den Nägeln, die ich oft in die Holzwände einschlagen musste, um die Flaschen anzuhängen. An alles dachten sie, natürlich auch an Desinfektionsmittel, Kerzen, Streichhölzer, die Batterien für die Taschenlampe und an die Säuglingswäsche, sogar die provisorische Säuglingswaage vergaßen sie nicht.

Durch den täglichen Umgang mit Gottes Wort beim gemeinsamen Bibellesen trafen beide Mädchen eine Entscheidung für Jesus. Mit großer Freude bereiteten wir gemeinsam auch die Kinderstunden für die Sonntagsschule vor. Es dauerte nicht lange, bis sie selbst eine Klasse in der Sonntagsschule übernahmen. Es war eine Freude mitzuerleben, wie sie im Glauben wuchsen!

Mittlerweile waren sie schon fast drei Jahre bei mir und hatten sehr viel gelernt. Nun wollten sie in das Berufsleben einsteigen, und das sollte die Krankenpflege sein. Sie gehörten jetzt zur Jugend unserer Gemeinde und hatten sich nicht nur mit ihren Berufszielen beschäftigt. Die Liebe zum anderen Geschlecht hatte sich in ihrem Herzen Bahn gebrochen. Natürlich wollten sie einen gläubigen jungen Mann heiraten. Aber der stand nicht gleich vor der Tür.

Rosinhas Mutter erkrankte, darum wurde sie zunächst zu Hause gebraucht. Sie heiratete dann und lebte mit ihrer Familie in einem anderen Bundesstaat. Ich hörte nur, dass es ihr gut ginge.

Elisabete vertraute sich leider einem Trinker an, der sie betrog und misshandelte. Er verbot ihr auch, weiter in die Gemeinde zu gehen. Und wenn sie es dennoch tat, wurde sie hernach geschlagen und hatte viel zu leiden. Ich besuchte sie einige Zeit später. Sie war wie verwandelt. Wie war das möglich? Nur wenige Jahre war sie mit diesem Mann verheiratet. Er starb aufgrund seiner Trunksucht an einer Lebervergiftung, doch Elisabete war gebrandmarkt für ihr Leben. Sie wollte nichts mehr vom Evangelium wissen und schlug den Weg der Prostitution ein.

Ich begegnete ihr einige Jahre später noch einmal auf einer meiner Besuchsreisen. Wir hatten ein längeres Gespräch. Sie wollte auch wieder zurückkommen, weinte sehr und fand doch nicht den Weg zu einer echten Buße und Umkehr. Das mitzuerleben, fiel mir sehr schwer. Wenn ich an sie denke, werde ich oft an das Wort aus Psalm 16,4 erinnert: *„Aber jene, die einem anderen nachlaufen, werden viel Herzeleid haben."*

Nicht nur sie hatte viel Herzeleid zu durchleben, sondern ihre ganze Familie durch sie!

In solchen Situationen steht mir immer meine ganze Ohnmacht vor Augen. Ich kann den Weg zur Umkehr wohl klar aufzeigen, aber gehen muss ihn jeder selbst. Doch mir bleibt der Weg des Gebetes. Den will ich weiter gehen und Gott vertrauen, auch für Elisabete. Er allein kann zerbrochene Verbindungen wieder heilen.

Er bleibt der große Zurechtbringer!

Was nichts kostet, ist nichts wert

Nicht auf jeder Missionsstation hatte ich genügend Räumlichkeiten, um die Kranken behandeln zu können. Wenigstens hatten viele in dem großen Wartezimmer unter freiem Himmel Platz. Viele mussten große Entfernungen zurücklegen, manche 30, 40 km und mehr. Wer nicht zu Pferd kommen konnte, musste sich eine Fahrgelegenheit mieten und Wucherpreise bezahlen. Ein Mann, der für die Fahrt etwa 50 Euro hingelegt hatte, war umso verwunderter, dass die Arzneirechnung so niedrig war. Er sagte zu mir: „Jetzt habe ich so viel Fahrgeld ausgegeben, Ihre Medizin aber ist so billig. Die kann doch gar nichts nützen. Machen Sie doch wenigstens noch eine Zauberei, ich will sie gerne bezahlen."

Es war und ist erschütternd, in welch tiefer Nacht und Unwissenheit die Menschen dahinleben – mit keiner anderen „Hilfe" als der Zauberei. Ich versuchte, dem Mann ganz klar den Weg des Heils zu zeigen, doch er ging enttäuscht davon.

Ein anderer Mann kam völlig erschöpft angeritten und wollte Medizin gegen Durchfall haben. Er meinte, dass er bereits bei einem guten Zauberer gewesen sei, der ihm ein Getränk zusammengebraut habe, das er dreimal am Tag hätte einnehmen sollen. Weil er aber auf dem Feld arbeitete und das Zeug so gut geschmeckt habe, hätte er es mit einem Mal ausgetrunken. Nun hatte er erst recht Durchfall und war so geschwächt, dass er kaum auf den Beinen stehen konnte. Gerne half ich ihm und legte eine Infusion an, die ihm sichtbar gut tat. Schließlich empfahl ich ihm die nötigen Stärkungsmittel und er ritt dankbar davon.

Immer wieder steht mir der 10-jährige Joao, zu Deutsch Hans, vor Augen. Er zählte als Kind armer Eltern zu den Elendsgestalten. Wenn man seine dünnen Arme und Beine sah, konnte man meinen, sie gehörten einem 2-jährigen Kind. Hans hatte Keuchhusten und war durch das dauernde Erbrechen ganz elend geworden. Seit zehn Tagen hat er schon nichts mehr gegessen, der ganze Mund war eine einzige Wundfläche, und zum Stehen hatte er schon lange keine Kraft mehr. Natürlich hatten seine Eltern auch die Hilfe von Zauberern gesucht, die dem Kind aber nicht hatten helfen können. Und nun lag er vor mir – hochansteckend!

Was soll ich tun? fragte ich betend den Herrn.

Da kam mir der Gedanke, ein Krankenzimmer unter freiem Himmel einzurichten. Einige Papiersäcke wurden herbeigeholt, die als Matratze unter einem schattigen Baum dienten, weit weg von allen anderen Patienten. Schnell wurde ein Nagel in den Baum geschlagen und schon hing die Flasche mit der Infusionslösung daran, die dem kleinen Mann über Stunden in die Vene tropfte. Mutter, Vater und Tante waren dageblieben, jeder mit einer Aufgabe versehen. Einer musste den schattenspendenden Schirm halten, ein anderer die Fliegen und Moskitos vertreiben, und dann musste Hans auch ab und zu einen Schluck zu trinken bekommen. So blieb der Junge in meiner Nähe, ich konnte ihn gut beobachten und trotzdem meinen Dienst verrichten. Am Nachmittag, als die Freiluftbehandlung vorüber war, wurde der Bub auf einem Pferdewagen nach Hause transportiert, mit dem Hinweis, nach drei Tagen wiederzukommen. Da wurde dieselbe Prozedur noch einmal wiederholt. Die erste Behandlung hatte bereits angefangen zu wirken: Hans hatte Hunger bekommen. Die Eltern fragten erstaunt: „Was haben Sie nur mit unserem Jungen gemacht? Er hat ja wieder Hunger. Wir wissen nicht, wie wir ihn satt bekommen sollen. Tag und Nacht verlangt er nach Essen." Das hörte ich gerne und freute mich, mit Essen, Stärkungsmitteln und Vitaminpräparaten Hans weiterhin helfen zu können. Nach monatelanger Krankheit konnte er wieder die ersten Schritte tun – dem Herrn sei Lob und Dank!

So, das war's für heute!

Es war, wie so oft, spät am Abend. Das Behandlungszimmer war aufgeräumt, die Spritzen sterilisiert, und die Geburtstasche stand wie immer griffbereit. Man konnte ja nie wissen.

So, das war's für heute, dachte ich und wollte mich eben zur Ruhe begeben, als ich draußen das Geräusch eines Lastkraftwagens vernahm. Schon stand der Fahrer vor mir und bat mich, schnell zu seiner Frau zu kommen. Sie stehe vor der Geburt des 13. Kindes. Die Waldhebamme, eine Zauberin, habe ihr eine hohe Dosis Rizinus verabreicht und gesagt, das Kind komme erst in vier Wochen beim nächsten Vollmond zur Welt. Dann sei sie einfach gegangen, doch seine Frau krümme sich vor Schmerzen und könne es nicht mehr aushalten.

Mit Sack und Pack stieg ich schnell in den Lastwagen, und ab ging die Fahrt in eine mir unbekannte Gegend. Auf dem letzten Stück mussten wir noch zu Fuß eine Anhöhe erklimmen. Der Mann ging voraus, um die etwaigen Schlangen zu beseitigen, die sich nachts oft auf die warmen Waldwege legten. Es war stockfinster, und ohne Taschenlampe hätte ich keinen Schritt machen können. Endlich kamen wir in die Nähe der Hütte. Schon von Weitem hörten wir die Frau stöhnen. Sie lag in einem kleinen dürftigen Raum auf einer Pritsche, ein kleines Kerzenstummelchen war die ganze Beleuchtung des Raumes. Ich dachte: *Wenn das bloß nicht herunterbrennt, bevor die Geburt überstanden ist.* Die ganze Hütte bestand nur aus zwei Räumen: In dem einen lag die Mutter, in dem anderen die 12 Kinder, wie die Heringe dicht gedrängt. Und ein Platz für Papa musste auch noch freigehalten werden!

Wie war ich froh und dankbar, dass das Kind nicht lange auf sich warten ließ. Nach einer guten halben Stunde konnten alle das laute Schreien des Neugeborenen vernehmen. Doch wo war die Säuglingswäsche? Die Mutter zeigte auf die Ritzen und Löcher in der Holzwand. War das der Kleiderschrank? Ich zog mir eine Windel, ein Hemdchen und ein Mützchen heraus. Welch eine Armut!

Seit diesem Erlebnis hatte ich immer, wenn ich zu einer Geburt gerufen wurde, ausreichend Säuglingswäsche, Streichhölzer, Kerzen, Batterien für die Taschenlampe und dergleichen dabei. Ich konnte Gott nur danken, wenn bei aller Primitivität und mangelnder Sterilität keine Infektionen auftraten.

Wenn Ostern nicht nach Ostern aussieht

Ein erschütterndes Ostererlebnis auf dem Missi-onsfeld werde ich wohl nie vergessen. Es hat so tiefe Spuren in mein Herz gegraben, als hätte ich alles erst gestern erlebt. Vor allen Dingen erinnert es mich immer wieder an Gottes Wort aus dem 118. Psalm: *„Die Rechte des Herrn behält den Sieg."*

Unsere Missionsstation lag weit im Inneren des Landes. Neben dem Dienst in der Gemeinde war ich auch verantwortlich für die Krankenpflege, Geburten und was sonst noch anfiel.

Es war Karfreitag. Nach dem Gottesdienst sprach mich eine Mutter an, die mit ihrer 18-jäh-rigen Tochter seit einiger Zeit zu uns kam. Sie wa-ren von der Verkündigung gepackt und wollten mehr von Jesus wissen. Da sie aber einen 9 km langen Heimweg durch den Dschungel hatten und ich noch einige Menschen behandeln muss-te, vereinbarten wir einen Gesprächstermin nach dem Ostergottesdienst. Da fiel uns die 18-jährige Tochter, sie hieß Vanir, ins Wort: „Ach Mutter, zu Ostern wollte doch der Onkel zu uns kommen, den wir schon so lange nicht mehr gesehen haben." *Schade*, dachte ich, *wann wird sich wohl die nächste Gelegenheit bieten?*

Einen Tag später, am Karsamstag, kam ein Mann angeritten und wollte Medizin gegen Halsschmerzen haben, und zwar für Vanir. Er wollte sich gerade wieder auf sein Pferd schwingen, als er beim Verabschieden sagte, dass Vanir von einer Klapperschlange gebissen worden sei, aber dafür habe man ihr bereits Serum gespritzt. „Jetzt verlangt sie nur nach Ihnen und will vor allen Dingen Medizin gegen Halsschmerzen haben." Was sollte ich tun? Am liebsten gleich hin zu ihr. Doch die Nacht stand bevor, und am nächsten Tag, also Ostern, hatte ich zwei Gottesdienste zu halten. Ich konnte also erst nach dem zweiten Gottesdienst aufbrechen, was ich dann auch tat.

Mit dem Geländewagen kam ich nur etwa 7 km weit. Dann musste ich ihn stehen lassen und zu Fuß einen Trampelpfad entlang gehen. Irgendwann kam mir eine Gruppe von Menschen entgegen. Sie fragten mich: „Wollen Sie zu Vanir?"

„Ja."

„Die ist schon seit heute Mittag tot."

Was? Ist das möglich? Ich fühlte mich wie vom Blitz getroffen und konnte mich nur schleppend vorwärtsbewegen. Da hörte ich auch schon die Klageweiber mit ihren schrillen, durchdringenden Stimmen: „Vanir ist tot! Vanir ist tot!" Einen Hügel musste ich noch erklimmen, bis ich eine einzelne Hütte ausmachen konnte. Unzählige Menschen waren dort versammlt, die alle laut oder leise schluchzten und sich immer wieder über das tote Mädchen warfen und es küssten. Vanir war in einem kleinen Raum aufgebahrt. Da ihre Familie arm war und keinen Tisch besaß, hatten sie das große, hübsche und kräftige Mädchen auf die Haustür gelegt. Die leidgeprüfte Mutter fiel mir um den Hals und weinte bitterlich – und ich mit ihr.

Lange konnte ich kein Wort sagen. Es war Ostern! Hatte ich nicht in beiden Gottesdiensten verkündet, dass Jesus lebt und dass er mit seiner Auferstehung den Tod überwunden hat und wir die Kraft seines Sieges jeden Tag erfahren können? Und nun war ich hautnah mit dem Tod konfrontiert worden. Ich spürte, dass auch ich gerade jetzt den Trost des lebendigen Gottes brauchte. Da kam mir das Wort aus dem 118. Psalm in den Sinn. Es wurde mir zur entscheidenden Hilfe. Dort heißt es im 15. Vers: *„Die Rechte des Herrn behält den Sieg"*, zweimal hintereinander. Auch dann, wenn es um mich herum und in mir nicht nach Sieg aussieht: *Die Rechte des Herrn behält den Sieg.*

So konnte ich Vanir und die leidgeprüfte Familie der Barmherzigkeit Gottes anbefehlen und trat schweren Herzens den Heimweg an. Einige Trauergäste begleiteten mich noch ein Stück und zeigten mir die Stelle, an der das Unglück geschehen war, nämlich auf dem Trampelpfad, den auch ich gegangen war. Der Onkel war, wie vorgesehen, zum Osterbesuch gekommen und alle Familienmitglieder hatten einen Spaziergang gemacht. Vanir bildete mit einem Kind auf dem Arm den Abschluss und muss auf die Schlange getreten sein, die keiner bemerkt hatte. Da war es geschehen. Sie wurde in die Ferse gebissen und konnte nur noch laut aufschreien. Darüber waren keine 24 Stunden vergangen. Nun war sie schon nicht mehr unter den Lebenden.

Wenige Monate später hatte ich Gelegenheit, mit dem Professor des Schlangeninstitutes „Butantan" in Sao Paulo zu sprechen. Ich wurde immer noch von Selbstvorwürfen umgetrieben: Was habe ich versäumt? Bin ich zu spät gekommen? Was hätte ich tun müssen? Der Professor erklärte mir, dass der Biss einer Klapperschlange fast immer tödlich sei, besonders ein Biss in die Ferse wie bei Vanir. Das Gift werde in der Lymphbahn zum Gehirn transportiert und löse von dort Lähmungen im ganzen Körper aus, die in wenigen Stunden zum Herzstillstand führten. Daher die Halsschmerzen und Schluckbeschwerden bei Vanir. Hilfe wäre nur möglich gewesen, wenn man sofort einen Tropf mit einer hohen Dosis eines spezifischen Schlangenserums verabreicht hätte. Doch weil das in den meisten Fällen nicht möglich sei, bestehe kaum eine Überlebenschance.

Wir leben in Deutschland, wo es zum Glück keine Klapperschlangen gibt.

Aber kommen wir nicht auch im zivilisierten Deutschland in Situationen, wo es um uns herum nicht nach Sieg aussieht, wo alles drunter und drüber geht, wo wir keinen Durchblick mehr haben und nicht wissen, wie alles ausgeht? Und oft herrscht das Durcheinander auch in uns, und wir sehen keinen Sieg. Aber es bleibt bestehen: Die Rechte des Herrn behält den Sieg.

Es gibt viele Dinge in unserem Leben, die wir nicht ergründen können, aber wir dürfen uns im Vertrauen üben und gewiss sein, dass Gott zu seinem Wort steht und keine Fehler macht und alles gebrauchen kann, um uns näher zu sich zu ziehen. So sind auch die Mutter von Vanir und ihre Geschwister einige Jahre später zum Glauben an Jesus gekommen.

Du hast eine Grenze gesetzt

Es war so weit, meine Jahresferien standen auf dem Plan. Eigentlich hätte ich noch dieses und jenes vorher erledigen müssen, doch dafür war keine Zeit mehr. So nahm ich all die unerledigten Dinge in meinem Herzen mit und fuhr an den Strand. Zusammen mit einer anderen Schwester verbrachte ich meine Ferienzeit dort. Doch zur Ruhe kam ich nicht. Mal stand das eine, dann das andere Unerledigte vor mir, und als ich das wütende Meer mit dem hohen Wellengang vor mir sah, war das nicht die beste Medizin für mein aufgewühltes Herz. Doch dann fiel mein Blick auf das Ufer, wo die heranbrausenden Wellen ausliefen. Es war, als hätte Gott jeder Welle ein Stopp geboten. Bis hierher und nicht weiter!

Psalm 104 kam mir in den Sinn: *„Du hast eine Grenze gesetzt ...“* Gott selbst setzt Grenzen und verfolgt ein Ziel damit. Ich las diesen Psalm in den folgenden Tagen immer wieder, bis es tief in meinem Herzen still wurde. Was mich vorher bedrücken wollte, verlor sein Gewicht. Es war nicht weg, bekam aber den richtigen Platz. Ich gab es an Gott ab und fing an, für Grenzen in meinem Leben zu danken, weil ich eine bewahrende Macht in ihnen entdeckte und erkennen durfte, dass hinter jeder Grenze eine Absicht Gottes steht.

Weitaus eindrücklicher war ein anderes Erlebnis, das mir die Botschaft dieses Psalm-Verses vor Augen führte:

Obwohl ich auf einer Station eingesetzt war, auf der es vorwiegend arme Menschen gab, lebten auf einigen Ländereien auch Großgrundbesitzer, die wohlsituiert waren. Bei ihnen fanden viele arme Leute zur Erntezeit Arbeit und bekamen ein kleines Entgelt.

Eines Tages kam eine wohlhabende Frau zu mir ins Ambulatorium und kaufte Medizin für einen ihrer Arbeiter. Die sportliche und vornehm gekleidete Dame war die Besitzerin eines der größten Landgüter in unserer Gegend. Sie war so reich, dass sie selbst nicht wusste, wie viel Stück Vieh sie besaß.

„Allein auf dem Landgut, auf dem ich lebe, haben wir mehr als 700 Ochsen", meinte sie, aber sie besaß noch weit mehr Land in anderen Regionen. Bekannt war sie auch dafür, dass sie die Gabe hatte, Tiere zu zähmen. Von Gott wollte sie nichts wissen. Sie suchte ihren Halt in fernöstlichen Religionen, war aber nicht abgeneigt, ein Evangeliumsblatt anzunehmen.

Eines Tages lief die Nachricht wie ein Lauffeuer durch den ganzen Ort: Dona A. war vom Pferd geschleudert worden und lag bewusstlos in einem Graben. Man hatte sie gefunden und in ein Krankenhaus gebracht. Das Resultat war erschütternd. Nach vielen Untersuchungen ergab die Diagnose: Querschnittslähmung. Weil sie aber eine vermögende Frau war, leistete sie sich die teuersten Behandlungen, in der Hoffnung, eines Tages wieder laufen zu können. Auch im Ausland suchte sie Hilfe – doch vergeblich, sie blieb querschnittsgelähmt. Das war eine bittere, leidvolle Grenze, die Gott ihr setzte.

Viele Monate später saß sie in ihrem extra für sie angefertigten Wagen als eine Hilfesuchende vor mir. Wir hatten ein längeres Gespräch. Ich konnte ihr keine Heilung versprechen, verwies sie aber auf den lebendigen Gott und empfahl ihr, Gottes Wort zu lesen. Dona A. öffnete sich mehr und mehr dem Evangelium und gab mir einen tiefen Einblick in ihr Leben, das von Spiritismus und vielen Zaubereien durchsetzt war. Als ein Wunderheiler auftauchte, der ihr Heilung durch okkulte Kräfte versprach, wandte sie sich an mich mit der Bitte um Rat, den sie dann auch befolgte. Sie wollte nichts mehr mit den dunklen Mächten zu tun haben. Unser Kontakt wurde enger und irgendwann lud sie mich zu einem Gegenbesuch ein. Als ich bei ihr eintraf, kam ich erst mal aus dem Staunen nicht mehr heraus. Nie hätte ich tief im Urwald auf einer kleinen Anhöhe solch einen Palast vermutet. Auf dem Weg dorthin passierte man einige Wachposten. Hinter dem vornehmen Haus befanden sich ein großer Swimmingpool, ein Fußballfeld und viele Sportgeräte – alles modern eingerichtet und vorbildlich sauber.

Einige Male konnte ich auf ihrem Landgut eine Andacht halten, für alle, die gerade anwesend waren. Einmal bat sie mich, den Sonntagnachmittag mit meiner Jugendgruppe bei ihr zu verbringen und dafür auch unsere Liederbücher mitzubringen. Ganz selbstverständlich sang sie alle Lieder mit und fragte danach jeden Einzelnen von uns, wie er zu Jesus Christus stand. Daraus wurde eine lebendige, so nicht geplante Zeugnisstunde. Wenn wir ein- bis zweimal im Jahr einen Basar für die Armen durchführten, war sie auch zur Stelle, um für ihre Arbeiter und ihre Familien einzukaufen.

Eines Tages überraschte mich ihr Besuch mitten in der Flötenstunde für Kinder. Sie war davon so angerührt, dass sie uns zu einer ganz besonderen Feierlichkeit bei sich zuhause einlud. Es war, wie wir vermuteten, der Geburtstag von Dona A. Ein LKW fuhr vor und holte uns ab. Aus der Kreisstadt war eine Musikkapelle gekommen und viele prominente Personen. Wir kamen uns vor wie in einer anderen Welt und standen etwas verloren abseits, während immer mehr vornehm gekleidete Herrschaften erschienen und an den langen Tischen Platz nahmen. Irgendwann wurde um Ruhe gebeten und Dona A. rief mich mit meiner Gruppe nach vorne. Jeder bekam ein Mikrofon in die Hand – etwas vollkommen Neues für unsere Kinder – und dann spielten wir fröhlich unsere eingeübten Lieder und sangen dazu. Ich sagte ihr noch ein Gotteswort für das neue Lebensjahr und fragte, ob ich noch ein Gebet sprechen dürfe. Bewegten Herzens erlaubte sie mir das gerne. Anschließend durften wir Platz nehmen und uns bedienen. Es war schwer, eine Auswahl zu treffen, denn es gab viel zu viel. Allein die vielen Sorten Fleisch! Ein Ochse war geschlachtet worden, dazu Schweine, Ziegen und viele Hühner. Berge von Nudeln und Kartoffelsalat standen in großen Kübeln zum Ausschöpfen bereit, auch Reis und schwarze Bohnen, das Standardessen der Brasilianer.

Nach dem Essen machte sich Müdigkeit unter meinen Kleinen breit und wir wollten unseren Heimweg antreten. Da rief Dona A. eine der Bediensteten und beauftragte sie, uns ausreichend Essen für die Familien mit nach Hause zu geben. Ein paar Kannen voll Milch und selbst gefertigter Käse wurde auch mit verladen. Es war gegen 23.00 Uhr, als ich vollgepackt mit vielen guten Dingen vor meiner Haustür stand. Ich hatte so viel Essen, dass ich noch in der Nacht einige Familien damit beglücken konnte. So wurde Dona A. eine Wohltäterin der Armen unserer Gegend. Einige Male kam sie auch zum Gottesdienst, hörte aufmerksam auf Gottes Wort, nahm die Evangeliumstraktate und gab sie auch weiter.

Doch dann setzte Gott ihrem Leben eine neue Grenze. Wir waren erschüttert, als wir hörten, dass man sie über Nacht enteignet hatte. Binnen weniger Stunden hatte sie unter polizeilicher Aufsicht ihr Landgut verlassen müssen. Sie wurde in einem Augenblick bettelarm. Alles wurde vom Staat beschlagnahmt: die Ländereien, die Häuser mit allem Hab und Gut und der gesamte Viehbestand. Vielen Großgrundbesitzern soll es in jener Zeit so ergangen sein, sie wurden Opfer staatlicher Willkür und politischer Ränkespiele. Viele Menschen aus dem Norden Brasiliens, die als „Volk ohne Land" bekannt waren, ließen sich über Nacht auf den Ländereien nieder, zum Teil mit Gewalt. Das war ein Aufruhr unter den Alteingesessenen! Auch unsere Armen hatten damit in einem Augenblick ihre Arbeitsplätze verloren.

Kurz nach diesen Ereignissen ging meine Zeit in Brasilien zu Ende und ich kehrte nach Deutschland zurück. Doch betend brachte ich das mir liebgewordene brasilianische Volk vor Gott, auch Dona A.

Da kam eines Tages ein langer Brief von ihr, in dem sie mir von ihrem Ergehen berichtete und mich um Fürbitte bat. Sie schilderte mir die furchtbare Situation, die sie durchlebte. Nach langer Zeit hatte sie nun vom Staat eine Entschädigung erhalten, von der sie leben konnte. Obwohl es schwer für sie war, hinter allem die Führung Gottes zu sehen, wollte sie dennoch Gott weiter vertrauen.

Als ich 2007 noch einmal in Brasilien war, ergab sich ein langes Telefonat mit ihr. Außer der Lähmung hatten sich noch andere Erkrankungen eingestellt, die eine größere Operation nötig machten. Ich konnte sie nur auf die Ewigkeit hinweisen, in der es kein Leid und keine Schmerzen mehr gibt. Da wird Gott uns auch keine Grenzen mehr setzen. Jetzt sind sie noch nötig zum Innehalten und Zurückfinden, zum Heimfinden zu Gott. Das konnte ich Dona A. sehr deutlich sagen und sie dem Erbarmen Gottes überlassen. Sie war sehr dankbar für dieses Gespräch. Mögen alle unsere Begegnungen und Gespräche nicht umsonst gewesen sein!

Das Gebot der Stunde

Auf allen meinen Missionsstationen hat es geraume Zeit gedauert, bis die Menschen ihr Misstrauen aufgaben und Vertrauensbande entstanden. Die meisten gingen bei Krankheiten nach wie vor zuerst zu Zauberern und Medizinmännern, die es bis in die entferntesten Winkel gab. Viele waren verblüfft, dass ich sie ohne Zauberformeln behandelte. Trotzdem brauchte ich auf keiner Missionsstation einen Patientenmangel zu fürchten – für Zulauf sorgten die dankbaren Mütter und die geheilten Kranken.

Ich wusste mich an jeden meiner Arbeitsplätze von Gott gestellt und erfuhr seine unwandelbare Treue in tausendfacher Art und Weise. Viele treue Beter in Deutschland brachten meinen Namen täglich vor den Herrn. Insbesondere in den Stunden der Einsamkeit und Ausweglosigkeit war es mir ein großer Trost, mich so umbetet zu wissen. Immer wieder erfuhr ich Gottes Eingreifen in außergewöhnlichen Situationen und dass er auch außergewöhnliche Gnade und Weisheit für solche Momente schenkt.

Das erlebte ich auch, als mich zwei Kinder kurz vor Mitternacht zu ihrer Mutter riefen, die Zwillinge zur Welt bringen sollte. Das erste Kind war bereits von einer Zauberin geholt worden, aber das zweite lag quer und konnte deshalb nicht geboren werden. Hinzu kam, dass die Zauberin der Mutter kurz vor meinem Kommen noch eine hohe Dosis wehenanregender Mittel verabreicht hatte. Damals konnte diese Medizin noch ohne Rezept in den Apotheken gekauft werden. Schon von Weitem hörte ich die Frau laut schreien. Sie lag auf einem Drahtgestell in einem dunklen Raum, ein kleiner Kerzenstummel am Ende des Bettes gab einen spärlichen Lichtschein. Mit Entsetzen bemerkte ich, dass ich in einer Blutlache stand. Die Zauberin hatte die Nabelschnur des ersten Kindes nicht abgebunden, und das zweite Kind lag bereits tot im Mutterleib. Der Kerzenstummel fiel auf den Boden, und Streichhölzer gab es nicht in der Hütte. Während mich unzählige Flöhe ansprangen, widmete ich mich im Schein meiner Taschenlampe mit aller Konzentration der blutenden Frau. Sie schaute mich angsterfüllt an und fragte mich, ob sie nun sterben müsse.

„Ich habe keine Kraft mehr", stöhnte sie.

Ich flehte Gott um Hilfe an und bat ihn um Weisheit. Eigentlich hätte die Frau sofort auf den Operationstisch gemusst, doch dieser stand 100 km entfernt in der Stadt. Sie war dem Verbluten nah und keinesfalls transportfähig. Sollte sie wirklich unter meinen Händen sterben? Nein, das konnte nicht sein! Ich betete mit ihr und entfernte im festen Vertrauen auf Gott und mit seiner Hilfe das querliegende Kind aus dem Uterus. Nie zuvor hatte ich mich an eine solch riskante Aufgabe herangewagt, aber um der armen Frau das Leben zu retten, war dies das Gebot der Stunde, in die mich Gott geführt hatte.

Und tatsächlich: Ich durfte erleben, dass alles gut verlief und mit der Lösung der Nachgeburt auch die Blutung aufhörte. Ich konnte ihr schnell einen Tropf mit Blutersatzlösung und einen mit Kochsalzlösung und die entsprechenden Medikamente zuführen.

Wo aber war das erste Kind geblieben?

Es lag ganz still in einer Ecke des dunklen Raumes, von Flöhen umgeben und eingewickelt in eine alte, zerrissene Jacke des Vaters, die Nabelschnur mit einem übriggebliebenen Band vom letzten Schweineschlachten abgebunden – ein Anblick zum Erbarmen. Gut, dass ich immer steriles Material bei mir hatte. In der frischen Säuglingswäsche sah es dann wirklich wie ein Neugeborenes aus. Was für ein Geschenk und Wunder Gottes, dass es trotz Ungeziefer und Schmutz nicht an einer Infektion gestorben ist.

Nach einiger Zeit kam auch die Mutter wieder zu Kräften. Welche Freude und welch ein Dank erfüllte mich jedes Mal, wenn ich sie später unter den Gottesdienstbesuchern ihren Glauben an Jesus bezeugen sah.

Das eingelöste Versprechen

In Brasilien gibt es ein Sprichwort, das besagt: Versprechen ist Schuld. Daran halten sich viele Brasilianer und sie erwähnen es auch oft.

Auf einer meiner Missionsstationen sollte eine neue Kirche aus Backstein errichtet werden. Die alte Holzkirche war baufällig geworden und man fürchtete, dass sie eines Tages über uns zusammenbrechen könnte.

Während der Bauphase kamen Tag für Tag viele Menschen zur Behandlung zu uns. So auch der Bruder des Bürgermeisters, der zwar in einer anderen Stadt wohnte, aber ab und zu bei mir im Ambulatorium erschien, um Medikamente für eines seiner Kinder oder seine Frau zu holen. Er hatte genügend Geld, um seine Medizin zu bezahlen. Wir kamen ins Gespräch, und er wollte wissen, wer die neue Kirche bezahlen würde. Da er von seinem Bruder wusste, dass es in unserer Gegend viele arme Menschen gab, versprach er, uns bei der Finanzierung zu unterstützen.

In der folgenden Zeit besuchte er uns immer wieder mal und rundete bei der Bezahlung seiner Medizin stets nach oben auf. Ich musste an sein Versprechen denken, bei der Finanzierung des

Kirchenbaus mitzuhelfen. *Sicher soll die aufgerundete Summe seine Mithilfe darstellen,* dachte ich. Und so kam er in unregelmäßigen Abständen, lobte die Behandlung und die Medizin, kaufte seine Medikamente und fuhr wieder nach Hause.

So vergingen Monate, bis er eines Tages vor mir stand und nicht nach Medikamenten fragte, sondern in seine Hosentaschen griff und Geldbündel herausholte, erst aus der einen, dann aus der anderen. Er gab mir die Scheine und sprach: „Heute komme ich, um mein Versprechen einzulösen. Ich habe meinen Wagen gut verkaufen können und das Geld sollen Sie für den Bau der Kirche bekommen." Dann ging er schnellen Schrittes fort.

Ich war tief bewegt und beschämt und habe mich später herzlich bedankt. Eine solche Summe brasilianischen Geldes hatte ich bis dahin noch nie in meinen Händen gehalten. Es waren alles neue Scheine, und es war eine hohe Summe.

Und so etwas durfte ich gerade auf einer unserer ärmsten Stationen erleben!

Du sollst nicht töten

So lautete der Titel eines brasilianischen Evangeliumsblattes, das vor einiger Zeit in unserem Schriftenverlag in Curitiba erschienen war. Ich bezog jeden Monat über 200 Verteilblätter für meinen Dienst. Nicht immer erhielt ich ein Echo über den Inhalt der Blätter, die ich meinen Patienten mitgab, aber mit einem Blatt erlebte ich etwas ganz Besonderes.

Ich hatte eine schwerkranke Frau am Dauertropf liegen. Als es ihr nach ein paar Stunden zusehends besser ging, gab ich ihr einige Evangeliumsblätter zum Lesen. Sie gehörte nicht zu den Ärmsten und zählte zu den wenigen Menschen im Landesinneren, die lesen konnten. Still legte sie ein Blatt nach dem andern beiseite, bis sie ein bestimmtes lange nachdenklich in der Hand hielt. War es der zertrümmerte VW auf der Titelseite oder die packende Überschrift „Du sollst nicht töten!", die die Frau zum Nachdenken brachte? Schließlich unterbrach sie die Stille und wir führten ein lebhaftes Gespräch über den Inhalt des Blattes. Da standen auf der Innenseite beispielsweise die „Tagebuchaufzeichnungen eines ungeborenen Kindes". Spannend konnte man die Gedanken und Empfindungen eines Embryo in den ersten zwei Monaten Zeile für Zeile nachlesen, fast so, als seien sie von ihm persönlich festgehalten worden. Jede Notiz spiegelte die unbeschreibliche Freude auf den Tag der Geburt wider, an dem das bisher verborgene Leben sichtbar werden sollte, doch plötzlich rissen die Tagebuchaufzeichnungen mit dem furchtbaren und erschreckenden Satz: „Heute hat mich meine Mutter umgebracht!" ab. Meine Patientin war erschüttert. Sie wusste von mehreren Müttern aus ihrer Nachbarschaft, die diese Sünde leichtfertig begangen hatten, und auch sie hatte eine Abtreibung bisher nicht als Mord betrachtet. Sich selbst sah sie jedoch nicht mehr in der Gefahr für eine solche Tat, da sie schon 42 Jahre alt war. Sie bat mich jedoch, das Blatt zum Weitergeben mitnehmen zu dürfen.

Es vergingen mehrere Monate. Eines Tages stand sie wieder vor mir, diesmal aber nicht als Kranke, sondern als Hilfesuchende. Das Unbegreifliche war geschehen: Sie war noch einmal schwanger geworden. Immer wieder musste sie an das bewusste Blatt denken. Auf einmal galt die Botschaft nicht den anderen, sondern ihr persönlich: *Du sollst nicht töten!* Unzählige Stimmen stürmten nun auf sie ein – bald aus der Nachbarschaft und Verwandtschaft, bald aus dem eigenen Herzen. *Du wirst doch nicht jetzt im Alter noch einmal anfangen wollen! Was werden denn deine erwachsenen Kinder sagen? Du hast doch schon sechs Jungen, das ist doch wirklich mehr als genug, und gesundheitlich bist du auch anschlagen. Man sagt doch, in den ersten Monaten der Schwangerschaft ist eine Abtreibung erlaubt. Außerdem, kein Mensch weiß, wie es zugegangen ist. Du kannst ja auch gefallen sein.*

Mitten in diesem Wirrwarr von Stimmen war aber noch eine andere Stimme – laut, deutlich und unüberhörbar: *Du sollst nicht töten!*

Das sagte Gott, der Schöpfer allen Lebens, dem wir einmal Rechenschaft geben müssen, auch über das uns anvertraute Leben.

Das Wissen um die Kostbarkeit ungeborenen Lebens in Gottes Augen war mir Anlass genug, ihr Mut zu machen, für sie zu beten und mit ihr zu glauben und dem Herrn zu vertrauen, dass er gerade dieses Kind zu einem Segenskind für die ganze Familie werden lassen wollte.

Ich sagte: „Vielleicht ist es ja ein Mädchen? Wenn Sie sechzig sind, dann ist das Mädchen zwanzig und wird Ihnen tatkräftig zur Seite stehen."

„Ach Schwester, in meiner Familie gibt es nur Jungen, das kann ich nicht glauben."

„Aber ich helfe Ihnen zu glauben, dass Gott es in jedem Fall richtig machen möchte."

In den nun folgenden Monaten bis zur Geburt des Kindes stand das Leben von Mutter und Kind mehr als einmal auf dem Spiel. Es ging buchstäblich von einer Glaubensprobe in die nächste.

„Aber es lohnt sich, dem lebendigen Gott zu vertrauen" – das war das Zeugnis dieser dankbaren und überglücklichen Mutter, die nun zu ihren sechs Jungen wirklich ein gesundes und kräftiges Mädchen von Gott geschenkt bekam. Der Vater war außer sich vor Freude. Gott hatte durch alles Erleben auch zu seinem Herzen geredet, und er wollte mehr wissen von dem Gott, der auf so wunderbare Weise Gebete hörte und erhörte, sodass er sich nach der Geburt seiner Tochter eine Bibel kaufte. Die teuerste wollte er haben. Die Brüder hätten sich vor Stolz und Freude über ihre kleine Schwester am liebsten eine ganze Woche schulfrei gegeben. So konnten wir nun gemeinsam aus tiefstem Herzen Gott danken und ihm das durch viele Gefahren hindurch gerettete Leben in die Hände legen. Nach der Geburt stellten sich aber auch die Nachbarn und Bekannten wieder ein, die die Mutter am liebsten zur Abtreibung überredet hätten. Jetzt kamen sie, um das kleine Mädchen zu bewundern und ihm einen Namen zu geben. Doch die Eltern wollten ihrem Töchterchen einen Namen geben, der sie immer wieder an die Treue Gottes erinnern sollte. Sie wurde Christiane genannt und bleibt die Frucht eines ernst genommenen Evangeliumsblattes.

Der ganz besondere Zitronensaft

Wir hatten auf unserem Grundstück mehrere Obstbäume stehen, die Missionar Kahl nach und nach angepflanzt hatte. Da gab es einige Sorten von Apfelsinen, verschiedene Sorten Mandarinen, zwei Sorten Caqui Maracuja, Papaya, die in Brasilien Mamao heißen, einige Feigenbäume und noch andere Obstsorten.

Natürlich hatten wir auch verschiedene Sorten von Bananenstauden. Diese und die Zitronenbäume mit roten Zitronen fehlten fast auf keinem Grundstück. Von den Zitronenbäumen konnten wir über viele Monate Früchte ernten. Wir mochten die rote Sorte sehr gerne. Sie war genauso sauer wie die anderen, nur viel saftiger. Weil wir in einer sehr heißen Gegend lebten, lag es auf der Hand, dass wir viel Zitronensaft tranken. Um den Durst schneller zu löschen, fügten wir eine Prise Salz und ganz wenig Zucker hinzu. Das schmeckte gut und war gleichzeitig Vorbeugung und ein Heilmittel gegen Austrocknung.

Da kam eines Tages eine Frau zu mir ins Ambulatorium. Sie war nicht krank, sondern wollte nur einmal wieder ihr Gewicht überprüfen lassen, bevor sie mit ihrer Familie an einen anderen Ort zog. Sie sagte zu mir: „Schwester Ilse, ich glaube, ich habe zugenommen, denn ich habe so viel Zitronensaft getrunken. Der schmeckt ja so gut!"

Nun, es waren fast zwei Kilo! Ich schaute sie nachdenklich an und sagte zu ihr: „Es sollte mich nicht wundern, wenn der Zitronensaft eines Tages Händchen und Füßchen bekommen würde."

Ja, Hebammenaugen sehen manchmal auch, wenn im Zitronensaft etwas lebt! Wir verabschiedeten uns lachend voneinander.

Nach einer Reihe von Jahren begegneten wir uns wieder. Sie lud mich ein, sie zu besuchen. Dann rief sie Sara, eine ihrer Töchter, und stellte sie mir vor: „Schwester Ilse, Ihre Prognose war richtig. Der Zitronensaft von Porto Brasilio hat Wunder gewirkt und wirklich Händchen und Füßchen bekommen. Sie hatten recht und können nun selber begutachten, was aus dem Zitronensaft von damals geworden ist."

Wir lachten herzlich und dankten Gott für das gesunde, hübsche Mädchen.

Auch Zauberer brauchen Jesus

Zu meinen Patienten gehörten auch Zauberer. Ich hatte keine Angst vor ihnen, denn ich wusste, dass ich unter dem Schutz des Blutes Jesu stand und dass Gott mir diese Zauberer geschickt hatte, damit ich ihnen half.

Da war Antonia, eine Zauberin, die auch Hebammendienste verrichtete und die mit allen Mitteln versucht hatte, mir zu schaden. Immer wieder sprach sie Flüche über meinem Leben aus und versuchte auf diese Weise, meinen Dienst unmöglich zu machen. Sie hatte die Frauen vor mir gewarnt und Lügengeschichten verbreitet. Was sollte ich tun? Ich betete für sie und unternahm nichts gegen sie, obwohl Grund genug vorhanden war. Die Frauen, die ich entbunden hatte, waren selbst das beste Zeugnis für meinen Dienst.

Eines Tages wurde Antonia krank und keines ihrer Zaubermittel schien mehr zu helfen. Nun stand sie als eine Hilfesuchende vor mir. Sie war so elend, dass ich sie nur noch an den Tropf legen konnte. Während der Infusion kam ich mit ihr ins Gespräch, konnte sie mit der Liebe Gottes konfrontieren und sogar mit ihr beten. Nachdem sie einige Stunden in meinem Behandlungszimmer gelegen hatte, ging es ihr zusehends besser. Sie bekam noch ein Stärkungsmittel und ein schönes Handtuch mit auf den Weg, das sie sich gleich um den Kopf legte, denn es sah nach Regen aus. Von der Zeit an war sie mir gegenüber wie ausgewechselt.

Eine andere Erfahrung mit den Zauberinnen machte ich wenig später.

Eine Frau hatte sich zur Geburt ihres Kindes angemeldet. Ich war erstaunt, denn ich wusste, dass ihre Schwiegermutter – auch eine namhafte Zauberin – ihre anderen Kinder geholt hatte. Wer mochte sie zu mir geschickt haben?

Das Kindlein wurde geboren. Es war eine normale Geburt. Doch kurz darauf fiel die Mutter in Ohnmacht. Der Blutdruck sackte ab und eine massive Blutung setzte ein. Schnell legte ich eine Infusion mit Kochsalzlösung und eine Blutersatzlösung an und in meinem Herzen schrie ich zu Gott, dass er sich dieser armen Frau annehmen und der Herr Jesus seine Siegesmacht beweisen möchte, denn ich hatte die dicke Finsternis wohl zu spüren bekommen. In solchen Situationen konnte ich oft nur der finsteren Macht im Namen Jesu gebieten und mich selbst im Glauben unter die Deckung des Blutes Jesu stellen. Ich durfte erleben, dass Jesus die Macht der Finsternis brach und Mutter und Kind das Leben erhielt. Es waren wohl noch bange Augenblicke, bis die Frau wieder ansprechbar war. Das Erste, was sie sagte, war: „Lebt mein Kind?" Ja, es lebte. Sie fügte hinzu: „So, dann muss ich jetzt sterben!", und schon hatte sie die Augen wieder geschlossen. Doch der Blutdruck normalisierte sich allmählich, die Blutung wurde gestillt und schließlich erzählte sie mir ihre Geschichte:

Der Vater des neugeborenen Kindes war ihr Schwager, was die Schwiegermutter nicht wissen sollte. Darum wollte sie auch nicht von ihr entbunden werden. Sie war von einem Zauberer zum anderen gegangen, um sich eine Prognose zu holen. Der Erste sagte, dass das Kind bei der Geburt sterben würde, der Zweite, dass sie selbst sterben müsse, und der Dritte meinte, dass sie alle sterben würden. Daraufhin beschloss sie, ihr Kind bei mir zu bekommen, „denn", so fügte sie hinzu, „bei Ihnen ist noch nie eine Frau gestorben." So war sie, wie viele andere, als eine Betrogene des Teufels zu mir gekommen.

Nachdem die Frau wieder zu Kräften gekommen war, sprach ich mit ihr ein Dankgebet für Gottes wunderbares Eingreifen und befahl sie weiter der Gnade Gottes an. Sie sollte wissen, dass nicht ich ihr und ihrem Kind das Leben gerettet hatte, sondern der lebendige Gott, dem ich gehöre und diene. Sie kam dann einige Male zum Gottesdienst, bis sie in eine andere Gegend zog.

Viele Menschen wurden damals Opfer der unzähligen Zauberpraktiken, die besonders im Inneren des Landes, oft aus Ignoranz und fehlender medizinischer Betreuung, ausgeübt worden sind.

Dona Maria war 17 Jahre alt und hatte sich zur Geburt ihres ersten Kindes bei mir angemeldet. Sie hatte noch einige Monate Zeit und ich hatte sie gebeten, zur Schwangerschaftsberatung zu kommen, doch ihr Vater hatte das nicht erlaubt. Er war ein Zauberer und wollte nicht, dass sie unter religiösen Einfluss geriet. Der Tag der Geburt kam und sie wurde in unsere kleine Kreisstadt nach Querencia gebracht. Ihre Schwester war Mitglied in unserer Kirche und hielt mich auf dem Laufenden. Am nächsten Morgen kam diese Schwester laut schluchzend zu mir und sagte: „Meine Schwester ist gestorben! Wir machen einen Prozess gegen den Doktor!" Nachdem sie sich etwas beruhigt hatte, riet ich ihr dringend davon ab. Ich wollte mit dem Arzt sprechen und mir den Sachverhalt erklären lassen. Dieser war tief betroffen und stand noch unter dem Eindruck des tragischen Ereignisses. Er hatte bei der Untersuchung eine aufsteigende Nierenvergiftung festgestellt, die er nicht mehr medikamentös bekämpfen konnte. Das Kind wurde lebend geboren, doch für seine Mutter kam jede Hife zu spät – die Giftstoffe hatten bereits den Organismus befallen. Das war sehr traurig, doch nun konnte ich den Angehörigen sagen, dass Maria auch bei mir gestorben wäre, denn in diesem Fall hätte auch ich nicht helfen können. Im Nachhinein erfuhren wir, dass sie schon während der ganzen Schwangerschaft Blut im Urin hatte, doch aus Angst und Scham hatte sie das verschwiegen. Wäre sie zur Schwangerschaftsberatung gekommen, hätte man sicher noch rechtzeitig eine ärztliche Behandlung einleiten können.

Vier Wochen später kam die Tante mit dem kleinen Mädchen zu mir. Sie wollte nicht mehr zu einem Zauberer gehen. Das Kind war kreidebleich und abgemagert und konnte keine Nahrung bei sich behalten, doch Gott erbarmte sich über das Menschlein und erhielt ihm das Leben. Die Behandlung erstreckte sich über Wochen und schlug gut an. Der leidgeprüfte Vater war überglücklich, dass ihm seine „kleine Maria" als ein Vermächtnis seiner lieben Frau erhalten blieb. Er brachte sie mir im Laufe der Jahre immer einmal wieder, und ich konnte mich an dem gesunden Wachstum des Kindes freuen.

Ein anders Mal sollte ich mitten in der Nacht einem Zauberer das Blut stillen, das aus seinem Finger wie aus einem Wasserhahn tropfte. Alle seine Zauberpraktiken, die er bei anderen angewandt hatte, funktionierten bei ihm selber nicht. Als er mich bat, seine eigenen Praktiken bei ihm anzuwenden, lehnte ich ab und behandelte ihn wie jeden anderen Menschen, der mit derartigen Verwundungen zu mir kam. Während ich ihn betend verarztete, erzählte er mir, welchen Mitgliedern unserer Gemeinde er schon das Blut gestillt hatte. Mal waren es die Menschen, dann auch das Vieh. Nun war mir mit einem Mal klar, warum es im Leben dieser Leute hartnäckige Glaubensblockaden gab. Der Finger wurde wieder heil, und er wollte wissen, warum ihm das nicht geglückt war. Ich konnte ihm nur sagen, dass Gott seine Ehre keinem anderen gibt, wenn er um Hilfe angerufen wird.

Es waren schließlich einige Jahre vergangen, als dieser Mann todkrank darniederlag und doch nicht sterben konnte. Jede Nacht wurde er furchtbar gequält, er hörte Stimmen und es spukte überall im Hause. Die ganze Familie und auch die Nachbarschaft waren davon betroffen. Wieder wurde ich gerufen. Der Mann war noch bei vollem Verstand, und ich konnte ihm klar und deutlich den Weg des Heils zeigen und ihm sagen, dass Jesus auch für seine Sünden, so grausam sie auch waren, am Kreuz gestorben war. Er brach in ein lautes Schluchzen aus und zeigte nur auf das

Kreuz, das vor ihm über seinem Bett hing. Er hatte es oft für seine Zauberpraktiken benutzt. Jetzt wurde es seine Zuflucht. Aller Spuk war auf einmal beendet. Er wurde ganz still, als ich mit ihm betete, und ist wenige Tage danach eingeschlafen. Ich will glauben, dass er mit seinem Herzen zu Jesus gekommen ist, der auch heute die größten Sünder immer noch annimmt.

Es war mir immer klar, dass mein Dienst ein Einbruch in die dämonische Welt war. Doch ich stand ja im Dienste Jesu, dem alle Gewalt gegeben ist, im Himmel und auf Erden, darum brauchte ich mich nicht zu fürchten, auch wenn um mich herum vieles war, was mir Furcht einflößen wollte und meine Knie manches Mal zittern ließ. So kann ich nur Gott die Ehre geben und ihm für alle wunderbare Bewahrung und Jesu Siegesmacht danken.

Falsches Mitleid und seine Folgen

„Was ist aus der Kuh von Sr. Antonio geworden? Ob sie nach der Spritze wieder gefressen hat?"

Ja, ich war keineswegs nur für Geburten und Krankheiten zuständig, sondern häufig auch für Tiere. Schweine bekamen Durchfall oder mussten gegen Paratyphus geimpft werden, ein Kalb bekam eine Tetanusspritze und auch Pferde und Hühner wollten verarztet werden. Mein Arzneischrank war auch für tierärztliche Dienste ausgestattet und die Leute waren dankbar, dass sie hierfür nicht hundert Kilometer weit in die Stadt fahren mussten.

Doch was war nun aus der Kuh von Sr. Antonio geworden? Sie lebte nicht mehr, brachte uns aber auch nach ihrem Tod noch viel Arbeit. Und das kam so:

Bereits am Tag nach der Spritze kam der Besitzer traurig zu mir und teilte mir mit, dass seine Milchkuh wohl von der Tollwut befallen sei. Was nun? Es stand fest, dass die Kuh sofort getötet werden musste, ehe noch andere Tiere oder Menschen in Gefahr gebracht wurden. Ein schwerer Schlag für den Mann. Fünf Monate zuvor hatte sein tollwütiger Hund eine andere Kuh gebissen, die auf der gleichen Weide stand. Er wollte den Hund aber nicht töten, bis dieser noch zwei Menschen und ein Schwein angesteckt hatte und schließlich auch die besagte Milchkuh. Welch ein Verlust durch falsches Mitleid!

Ein Tierarzt aus Curitiba ordnete an, dass alle Menschen, die Milch von der Kuh getrunken oder in anderer Weise Kontakt zu ihr hatten, vierzehn Tage lang prophylaktisch gegen Tollwut geimpft werden sollten. Der Bazillus wird an sich nicht durch Milch übertragen, sondern nur durch Speichel, der durch Wunden jeglicher Art schnell in den Körper gelangt. Weil jedoch viele Menschen im Landesinneren in unsauberen Verhältnissen lebten, die Milch nicht abgekocht wurde und Tollwut bei Mensch und Vieh immer tödlich verlief, war eine solche Verordnung angemessen und musste rigoros durchgeführt werden.

Ich erfuhr, dass sich der Tollwutbazillus im menschlichen Körper bis zu 15 Jahre lang unerkannt aufhalten kann, während die Inkubationszeit bei Tieren eine wesentlich kürzere ist. Es gibt keine Heilung für diese Krankheit, sondern lediglich eine vorbeugende Behandlung.

In unserem Fall meldeten sich im Laufe von zwei Monaten siebzig Personen – der jüngste Anwärter für die Impfaktion war sechs Monate, der älteste 66 Jahre alt.

Dass diese Spritzen ohne Unterbrechung und Rücksicht auf irgendwelche Krankheitszeichen vierzehn Tage subkutan in die Bauchdecke injiziert werden mussten, war natürlich nicht angenehm. Da unter meinen Impfpatienten viele Kinder waren, die gut laufen und rennen konnten, war die Aktion mit ausreichend Sport verbunden. Zwei junge Mädchen, die mir zu dieser Zeit halbtags tatkräftig zur Seite standen und im Laufe der Zeit schon viel gelernt hatten, mussten sich manchen Kniff, Biss und Wutausbruch von den kleinen Rangen gefallen lassen – aber wir haben auch herzlich gelacht. Einige Jungen wollten uns beim Zählen helfen. Dazu malten sie um jede verabreichte Injektion einen bunten Kreis und rechneten uns an Hand der Kreise vor, wie viele Spritzen sie nur noch zu bekommen hätten, damit wir uns ja nicht etwa verzählten und eine Spritze zu viel gaben. Andere wurden mit Seife beschenkt, damit sie sich den Bauch erst einmal richtig waschen konnten. Am nächsten Tag konnte man genau feststellen, wie weit Wasser und Seife gereicht hatten und welche Stellen ungewaschen geblieben waren. Immer neue Lockmittel und Überraschungen musste ich mir einfallen lassen. Die Bonbontüte war eine unverzichtbare Hilfe, ebenso wie die bunten Kärtchen mit Bild und Gotteswort und einmal gab es sogar

Pudding. Die ganz Armen bekamen nach ihrer letzten Spritze ein Hemd geschenkt.

Als wir mit der Schutzimpfung gegen Tollwut bei den Menschen fertig waren, begann die nächste Aktion, und zwar unter den Hunden. Viele Einwohner, die ihre Hunde noch nie hatten impfen lassen, waren durch die Ereignisse der letzten Monate wachgerüttelt worden. Da gab es den ganzen Tag lang viele lustige Szenen und Hundegebell in den verschiedensten Tonlagen und Lautstärken. Sogar bis in die Traumwelt hinein verfolgten mich die vierbeinigen Patienten – oder vielmehr ihre Mitbringsel: eine ausgewogene Mischung von Flöhen.

Wir konnten bei dieser Aktion feststellen, dass die ärmsten Menschen die meisten Hunde hatten, diese aber genauso unterernährt waren wie ihre Besitzer. Ihr Reichtum waren ihre Kinder und ihre Hunde – fast 200 Vierbeiner wurden von uns geimpft. Trotzdem hatten wir den Eindruck, damit noch nicht einmal die Hälfte der in unserer Gegend herumstreunenden Hunde erwischt zu haben.

Von jedem Hund musste ich das Alter, den Namen und den Besitzer aufschreiben, eine Arbeit, bei der ich oft schmunzeln musste. Was gab es da für Hundenamen: Puppe, Räuber, Prinz, Treu, Bällchen – alle kamen in mein Hundetagebuch.

Jeder geimpfte Hund, beziehungsweise sein Besitzer, bekam zum Schluss vom Tierarzt ein Zertifikat ausgestellt, das neben politischem Propagandamaterial einen Ehrenplatz an der Wand des Holzhauses erhielt.

Die Impfaktion brachte mir nicht nur vermehrte Dienste ein, sondern war auch eine Gelegenheit für manch gutes Gespräch. Viele Evangeliumsblätter wurden an die Patienten und Hundebesitzer verteilt und etliche ließen sich zu den Gottesdiensten einladen.

Gott hat viele und oft auch seltsame Wege, die Menschen unter sein Wort zu ziehen, und er lässt uns immer wieder neu die Erfahrung machen, dass in allem ein Segen verborgen liegen kann.

Geburt, Beerdigung und Versöhnung

Da stand sie vor mir, die 15-Jährige in Erwartung ihres ersten Kindes mit einem Gesicht voller Angst. Der Mann, mit dem sie zusammenlebte, hatte sie eine Stunde vor Mitternacht bei mir abgeliefert, so, wie man ein fremdes Paket abgibt. Ich versuchte, der jungen Frau Mut zu machen, und sie erzählte mir ihre Geschichte. Vor einem Jahr hatte der Mann das Mädchen aus seinem Elternhaus entführt, es jedoch nicht geheiratet. Die Eltern waren voller Hass auf den Mann, und das Mädchen hatte die Eltern seit diesem Zeitpunkt nicht mehr gesehen.

Da die Lage des Babys nicht günstig war, musste ich mit der jungen Frau in die Stadt fahren. Unterwegs luden wir ihre Mutter ein, die jedoch kein einziges Wort mit ihrer Tochter wechselte. Die Atmosphäre im Wagen war voller Hass und Groll und die holprige Erdstraße, der geringe Komfort in einem Jeep und die Ungewissheit, was werden würde, machten die Situation für die werdende Mutter nicht gerade leichter. Gegen 3.00 Uhr kamen wir in Santa Cruz de Monte

Castelo, unserer zweiten Kreisstadt, an. Der Arzt sah zwar besorgt aus, hatte aber die Hoffnung, dass das Kind normal geboren werden könnte. Er stellte mir ein Rezept aus und bat mich, die Medikamente schnell zu besorgen. Weiterhin fragte er mich, ob ich die bevorstehende Geburt begleiten könne, die Hebamme des Krankenhauses sei einige Tage zuvor mit der Medizin und allen notwendigen Gerätschaften für eine Geburt abgehauen. So etwas Unglaubliches hatte ich bis dahin auch noch nicht gehört …

Nun, zu der Zeit gab es nur eine Apotheke in der kleinen Kreisstadt und insbesondere in der Nacht konnte es sehr schwer sein, an Medizin zu gelangen. Würde der Apotheker mir, einer Fremden, die erforderliche Medizin aushändigen?

Gott sei Dank – alles gelang problemlos und ich erhielt die Medizin. Die junge Frau war sehr tapfer, auch als die Sache immer schwieriger wurde. Ab einem gewissen Zeitpunkt war klar, dass das Kind nicht mehr lebendig auf die Welt kommen würde. Wir setzten unsere ganze Kraft ein, wenigstens die junge Frau am Leben zu erhalten. Mittlerweile war es Tag geworden.

Drei Stunden nach der schwierigen Geburt – die Infusionslösung war gerade zu Ende getropft – musste ich die Frau mit ihrem toten Kind schon wieder in den Jeep laden. Ihre Mutter war immer noch wie versteinert und sprach kein Wort. *Wenn nur der Mann wenigstens hier wäre*, ging mir durch den Kopf, doch er war nicht erschienen, sodass ich mich schließlich auf den Weg nach Querencia, der nächsten Kreisstadt, machte, weil es in Santa Cruz keine Totenschein-Formulare mehr gab.

Unterwegs entdeckten wir den Mann der jungen Frau völlig betrunken auf der anderen Straßenseite. Ich lud ihn ebenfalls in den Wagen, nachdem ich ihm kurz die Situation erklärt hatte, und wir fuhren weiter. In Querencia zogen wir von einer Behörde zur anderen, doch weder dort noch in einer weiteren Kreisstadt bekamen wir einen Totenschein, den wir doch so dringend brauchten, damit uns der Bürgermeister einen Platz auf dem Friedhof zuteilen konnte. Schließlich drückte der Bürgermeister ein Auge zu und gab uns auch ohne das Formular die Erlaubnis, das Kind auf dem Friedhof zu bestatten. Er benachrichtigte die Totengräberin, die uns den Platz zuwies.

Wir hüllten das tote Kind in ein Stück Stoff und ich holte einen leeren Karton aus dem Auto, der zum Kindersarg wurde. Als ich das Kind fertig gemacht hatte, betete ich mit meiner kleinen Trauergemeinde und übergab den Kartonsarg der Totengräberin, die schon vor dem ausgeschaufelten Grab stand. Ein schreckliches Erlebnis, vor allem für die frisch entbundene Mutter, die alles vom Wagen aus mit ansehen musste.

Traurig und bewegt fuhren wir nach Porto Brasilio zurück, während sich über uns ein Unwetter zusammenzog. Es donnerte und blitzte, der Sturmwind peitschte von allen Seiten und wolkenbruchartiger Regen platzte hernieder. Schnell füllten sich die Löcher der Erdpiste mit Regenwasser und die Straße glich einem See. Mir schoss durch den Kopf: *Wer würde in Deutschland einer frisch entbundenen Mutter nach all den Strapazen eine solche Reise zumuten?* Aber ich wusste, dass die Umstände in Brasilien keine andere Möglichkeit zuließen und wir zu solchen Risiken gezwungen waren. Ich bin Gott so dankbar, dass wir in dieser schweren Situation ganz besonders seine Hilfe und Bewahrung erfahren durften – nur eine der zahlreichen Gebetserhörungen unserer treuen Fürbitter.

Am Nachmittag, als ich noch einmal nach der jungen Frau sah und sie medizinisch versorgte, waren auch ihre Eltern anwesend. Ich sah eine Gelegenheit, mit allen Anwesenden zu sprechen, der Groll war noch deutlich zu spüren, doch während des Gesprächs schien er langsam zu weichen. Am Ende sahen alle Beteiligten ihre Schuld ein, es kam tatsächlich zu einer Aussöhnung, und der traurige Anlass wandelte sich zu einem echten Versöhnungsfest.

Die Eltern, eigentlich bitterarme Leute, waren so dankbar für meine Hilfe, dass sie mir ein Ferkel für das Reich Gottes schenken wollten. So etwas hatte ich bis dahin auch noch nicht erlebt! Der Zeitpunkt, zu dem sie das Versprechen einlösen wollten, stand allerdings noch nicht fest – das Ferkel war noch nicht geboren.

Eines Tages jedoch stand der Vater der jungen Frau tatsächlich vor meiner Haustür und hatte in einem Sack auf dem Rücken das versprochene Ferkel dabei.

Er sagte: „Schwester, ziehen Sie das Ferkel schön groß, und wenn es das richtige Gewicht zum Schlachten hat, dann machen Sie ein Fest mit ihren Missionsgeschwistern."

Eine gute Idee, aber wo sollte ich mein Ferkel beherbergen und großziehen? Ich hatte ja keinen Schweinestall. Schließlich stellte sich jemand aus der Gemeinde zur Aufzucht des Ferkels zur Verfügung. Als es ungefähr 60 kg auf den Rippchen hatte, wurde es geschlachtet. Die Frau, die es großgezogen hatte, ging mit dem Schweinefleisch in einer Schüssel auf dem Kopf durch den Ort und bot das frische Schweinefleisch an. Bald wurde sie von Menschen und Fliegen gleichermaßen umschwirrt. Als sie bei mir ankam, war noch ein kleiner Fleischrest in der Schüssel, der mir gehören sollte. Außerdem überreichte sie mir den Erlös des Schweinefleisches, ein Opfer für die Mission. So wurde aus dem Missionsferkel ein Missionsschwein und schließlich ein Missionsopfer.

Leben in der Plastiktüte

Einer unserer brasilianischen Pastoren erzählte mir bei einer Begegnung, dass er jetzt zu seinen zwei erwachsenen Adoptivsöhnen noch ein kleines Mädchen adoptiert habe. Wie das gekommen sei, wollte ich wissen, und er berichtete eine Geschichte, die so in Deutschland nicht möglich wäre.

Eines Tages war er mit seinen zwei Söhnen in der Stadt. Sie kamen an einer Kirche vorbei. Da bemerkten sie, dass eine Plastiktüte vor der Kirchentür lag, die sich bewegte. Als die Söhne den Vater darauf aufmerksam machten, sagte er: „Jungs, das ist der Wind." Doch die Söhne gaben sich nicht damit zufrieden. Sie wollten wissen, was in der Tüte war. Als sie diese öffneten, riefen sie: „Papa, ein kleines Mädchen! Das nehmen wir mit nach Hause, wir haben doch keine Schwester!"

Der Vater entgegnete: „Kinder, das geht nicht. Denkt doch einmal, eure Mutter ist 50 und euer Vater ist 52, da können wir nicht noch einmal ein kleines Kind annehmen!" Doch die Söhne drängten weiter und versprachen ihrem Vater, dass sie für das Mädchen sorgen wollten, wenn es die Eltern nicht mehr könnten. Schließlich willigte der Vater ein. Was würde wohl die Mutter sagen? Die Söhne brachten es der Mutter lieb und überzeugend bei, dass sie die kleine Schwester haben wollten. Sie wollten auch den schönsten Namen aussuchen. Der Familienrat beschloss, sie „Leticia" zu nennen, was auf Deutsch „Freude" heißt. So wurde sie standesamtlich registriert, nachdem alle Formalitäten geregelt waren. Niemand wusste, wer die Mutter war und wer die „lebendige Plastiktüte" vor der Kirchentür entsorgt hatte. Doch jetzt hatte Leticia die besten Überlebenschancen.

Als ich sie das erste Mal sah, hatte sie sich schon gut entwickelt. Dann begegnete ich ihr wieder, als sie fünf Jahre alt war, nunmehr ein prächtiges Mädchen. Was wäre wohl aus ihr geworden, wenn sie in der Tüte vor der Tür liegen geblieben wäre? Vielleicht wäre eine Müllhalde ihr Grab geworden, so wie das schon vielen ungewollten Kindern ergangen war und täglich ergeht.

Bei unserer Begegnung hatte Leticia ein Püppchen im Arm, das ich ihr mitgebracht hatte. Sie meinte: „Ich habe meine Puppe schon getauft, sie heißt Priscila. Und ich habe ihr erzählt, dass ich es viel besser hatte als sie. Sie musste die ganze Nacht in deinem dunklen Koffer liegen, ich dagegen war im Plastikbeutel und konnte durchgucken."

So gewann Leticia schon als Kleinkind ihrem Schicksal die positiven Seiten ab und wirkte einfach zufrieden. Sie war der Sonnenschein der Familie, ihre großen Brüder waren glücklich und stolz auf ihre kleine Schwester, und umgekehrt war es nicht anders.

Ihre Adoptiveltern bemühten sich, ihr eine gute Schulbildung zu geben, und sie lernte fleißig.

Als ich 2007 in Brasilien war, erlaubten es die Umstände nicht, dass wir uns begegneten, doch dafür gab es ein langes Telefongespräch mit ihr. Danach wusste ich, dass es ihr gut ging. So befehle ich sie weiter der Gnade Gottes und seiner Führung an. Er wird sie an seiner Hand halten und den rechten Weg durchs Leben führen.

Was wird wohl aus diesem Kindlein werden?

Diese Frage hatte mich oft bewegt, wenn ich ein Neugeborenes in den Händen hielt, erst recht, wenn es das Gewicht eines zu früh geborenen Kindes hatte und gerade die Ein-Kilo-Grenze überschritten war.

Ob meine Mutter wohl bei meiner Geburt auch so gedacht hatte? Ich soll nur 1,5 kg gewogen haben und oft blau geworden sein. Man musste mich immer wieder reanimieren, sodass die Hebamme schließlich zu meiner Mutter gesagt haben soll: „Frau Roennpagel, lassen Sie die Kleine doch sterben, sie sehen doch, dass sie keine Kraft zum Leben hat."

Aber meine liebe Mutter führte mir unermüdlich weiter Nahrung mit der Pipette zu, bis ich schließlich selbst anfing zu saugen und mich mit großem Nachholbedürfnis blendend entwickelte.

Gott sagt in seinem Wort: *Was schwach ist vor der Welt, das hat Gott erwählt, und was da nichts ist, das hat Gott erwählt* (1. Kor. 1,27). So steht über meinem Leben: „Nichts – und doch erwählt."

Ob das auch der Grund dafür war, dass ich eine

besondere Liebe zu den „Frühchen" in meinem Herzen hatte? Ich behielt sie – natürlich mit dem Einverständnis der Eltern – gerne noch eine Weile bei mir und bereitete ihnen ein Bettchen mit Wärmflaschen und warmen Decken. Ein Familienmitglied brachte mir täglich die abgepumpte Muttermilch, sodass ich das Neugeborene gut versorgen konnte. Als es dann die Zwei-Kilo-Grenze erreicht hatte, nahmen die Eltern ihr Kind dankbar mit nach Hause. Die Freude war jedes Mal groß, wenn der kleine Erdenbürger in den Kreis seiner Geschwister aufgenommen werden konnte. Es kam auch vor, dass ich zum ersten Geburtstag des Kindes eine Karte mit einem Foto bekam und der „Vizemama" noch einmal herzlich gedankt wurde.

Immer wieder bewegte mich im Laufe der Jahre die Frage, was wohl aus „meinen Kindern" geworden sein mag. Ob sie sich weiter gesund entwickelt hatten? Ob die Eltern erkannt hatten, dass sie eine gute Schulbildung brauchten? Bei meinen späteren Besuchsreisen nach Brasilien – es waren sechs – begegneten mir viele dieser Kinder.

Einmal kamen zwei Frauen vom Feld und ich hörte sie hinter mir tuscheln: „Ob sie uns wohl noch kennt?" Ja, ich hatte sie erkannt und wurde sogleich mit der Geschichte der ganzen Sippe konfrontiert: wer wen geheiratet hatte, wer sich wieder getrennt hatte, wer fortgezogen war, wer wen erschossen hatte, wer vom Pferd gefallen war und sich die Knochen gebrochen hatte, wer im großen Paranafluss ertrunken war, wer Schweine gestohlen hatte, wer einen neuen Tante-Emma-Laden eröffnet und wer seinen wieder geschlossen hatte, wer ein neues Haus gebaut hatte, welche Kinder zur Welt gekommen waren und wer von allen bei mir geboren worden war und dergleichen mehr. Es war das reinste Labyrinth von Informationen und ich musste erst einmal alles sortieren.

Ich wurde gebeten, eine Jugendstunde in einer meiner früheren Gemeinden zu halten. Ungefähr 20 Jugendliche saßen in dem kleinen Raum auf dem Fußboden. Als ich eintrat, sprang eine junge Frau auf, fiel mir um den Hals und drückte mich mit den Worten: „Schwester Ilse, kennen Sie mich noch? Ich wurde vor 23 Jahren in Ihren Händen hier geboren."

Wer mochte das wohl sein? Ich hatte blitzschnell mein Erinnerungstagebuch durchgeblättert und dabei ihr Gesicht angeschaut. Ja, vor 23 Jahren war ich hier in Candoi gewesen. Da, plötzlich machte es Klick und ich wusste: Das ist Noemi! Die Freude des Wiedersehens war unbeschreiblich groß, erst recht, als ich sie im Kreis derer fand, die sich um Gottes Wort geschart hatten. Sie hatte ihr Leben unter Gottes Führung gestellt und war für die Jugendarbeit in der Kirche verantwortlich.

Als Noemi ungefähr vier Jahre alt war, hatte Gott sie gebraucht, um mir Mut ins Herz zu singen. Sie war mit ihrer Mutter und ihrem Bruder, der sich schwer verletzt hatte, ins Ambulatorium gekommen. Während ich den Bruder behandelte, stand Noemi im Türrahmen und sang. Es war ein Chorus, den wir vor Kurzem in der Sonntagsschule gelernt hatten. Er hieß: „Sei nur nicht mutlos, nur nicht mutlos, Schmerzen und Traurigkeiten können kommen, doch Jesus ist bei dir, drum sei nicht mutlos, nicht mutlos, nein, nein, nein!" Ununterbrochen hatte sie gesungen, sodass mir die Worte immer tiefer ins Herz sanken. Im Lauf der Jahre, wenn sich die Mutlosigkeit in meinem Herzen einschleichen wollte, wurde ich oft an diesen Chorus erinnert, der mir zur Glaubensstärkung wurde. Bis heute höre ich Noemis Glockenstimmchen: „Sei nur nicht mutlos, nicht mutlos, nein, nein, nein."

Am nächsten Morgen hatte ich den Gottesdienst zu halten. Da war Noemi selbstverständlich auch anwesend. Ich konnte nur staunen und mich von Herzen freuen, wie sie mit ansteckender Freude die gut ausgesuchten Lieder für die Lobpreisstunde gewählt hatte und die ganze Gemeinde beim Singen leitete. Ihre Eltern und etliche Geschwister waren auch anwesend und wir hatten nach dem Gottesdienst noch ein frohes Beisammensein. Viel gab es zu berichten. Einige Kinder hatten geheiratet und wohnten inzwischen in einer anderen Gegend. Da erfuhr ich auch, dass es Rosinha, der ältesten Tochter, die einmal für ein paar Jahre bei mir gewesen war, gut ging und sie nicht vergessen hatte, was sie bei mir gelernt hatte. Während wir erzählten, kamen immer mehr Leute mit ihren Kindern und Enkelkindern. Alle hatten sie irgendeinen Bezug zu mir, entweder sie waren bei mir geboren worden oder ich hatte sie oder auch ihre Tiere behandelt, als sie schwer krank waren.

Da konnte ich hören: „Wissen Sie noch, Schwester Ilse, dieser Junge hatte doch die Nabelschnur zweimal fest um den Hals und konnte kaum geboren werden. Da haben Sie laut gebetet und Gott hat geholfen. Und dann haben Sie ein Dankgebet gesprochen. Er ist ein stattlicher junger Mann geworden, wie Sie sehen."

Doch stand da nicht auch der Mann, dem ich das Ohr „angenäht" hatte? Ja wirklich, auch er war dankbar, dass ihm geholfen worden war.

Aber auch Dona Aline war da und erinnerte daran, dass gerade während der Geburt ihres zweiten Kindes ein wolkenbruchartiger Regen über uns hereinbrach, der mir den Heimweg aus dem Wald fast unmöglich gemacht hätte. Der Geländewagen war tief im Schlamm eingesunken. Was sollten wir tun? Da hatte der Mann von Dona Aline eine Idee. Weil sonst keine Bretter vorhanden waren, nahm er das Kinderbett auseinander, in dem das ältere Kind schlief, und versuchte, die Teile des Bettes unter meinen Wagen zu schieben. So konnten sich die Räder wieder drehen und ich trat meinen Nachhauseweg an. Das war echte Hilfe, aus tiefer Dankbarkeit geboren! Die Bretter des Kinderbettes waren natürlich nicht mehr zu gebrauchen, ich konnte beim Anfahren das Krachen unter mir deutlich vernehmen. Doch die Eltern sagten: „Das ist uns die gute Geburt unseres Kindes wert! Bretter können wir uns allemal wieder besorgen." Ob das in Deutschland auch möglich gewesen wäre? Es tut wohl, wenn man mitten im Urwald dankbaren Menschen begegnet!

Dona Cecilha erinnerte sich beschämt daran, dass sie mich einmal gerufen hatte, weil sie meinte, ihr Pflegesohn Betinho habe Wurmkrämpfe und sei deshalb bewusstlos geworden. Wie war sie empört, als ich ihr sagen musste, dass der Achtjährige keine Krämpfe habe, sondern stockbetrunken sei. Seine Pupillen und der Alkoholgeruch aus seinem Munde sprachen eine deutliche Sprache. Die Pflegeeltern, die einen kleinen

Tante-Emma-Laden hatten, wollten das nicht wahrhaben, bis sie sich selbst davon überzeugten, dass der frisch angesetzte Wein im Keller deutlich weniger geworden war. Der Junge brauchte nach dem Wachwerden einen starken Kaffee und kein Wurmmittel.

Schließlich wollte sich Dona Maria auch noch in Erinnerung bringen: „Schwester Ilse, das ist der Junge, der sich die Bohnen in die Ohren gesteckt hatte, die dann gequollen waren und die Sie nur mit warmem Öl nach und nach mit der Pinzette entfernen konnten. Wissen Sie es noch?"

Ach ja, was musste eine Hebamme nicht alles wissen und tun. Jedenfalls waren meine Tage reich an Abwechslungen. Und wenn es keine gab, dann gönnten wir uns welche und fuhren einfach auf den neuen Spielplatz in die Stadt und schaukelten dort zusammen. Auch das tat einer Hebamme gut!

Wer hat mehr Lebensrecht?

Diese Frage bewegte mich oft bei den Geburten, die ich zu verrichten hatte, besonders bei Zwillingsgeburten zweierlei Geschlechter.

Ich wurde mitten in der Nacht tief in den Wald zu einer Indianerin gerufen, um sie zu entbinden. Sie lag in ihrer Hütte auf dem Fußboden und stöhnte. Vergeblich suchte ich nach Wasser, das ich so nötig brauchte. Es war wie so oft: Das Wasser musste erst von irgendwoher, diesmal von einem nahe gelegenen Bach, geholt werden. Sauber war es bestimmt nicht, aber es war nass, und Desinfektionsmittel hatte ich immer dabei, wenn ich zu einer Geburt gerufen wurde.

Der Mann machte sich damit zu schaffen, ein Huhn einzufangen. Die Hühner waren nachts nicht in einem Stall eingesperrt, sondern hatten oben in den Bäumen ihr Nachtlager. Es sollte geschlachtet werden, damit seine Frau gleich nach der Entbindung eine Hühnersuppe, mit Maismehl angedickt, essen konnte. Das war übrigens die Nahrung, die sie ihrer Sitte gemäß 40 Tage während der Zeit des Wochenbetts essen musste. Diese Sitte hatten auch die Brasilianer übernommen. Darum kamen die Frauen, die ich entbinden sollte, manchmal gleich mit einem Huhn zu mir.

Die Indianerin ahnte nicht, dass sie zwei Kindern das Leben schenken würde. Auch ich bemerkte es erst, als ein Kind, ein kräftiger Junge, schon geboren war. Alles spielte sich bei dem flackernden Licht einer kleinen Kerze ab. Nach ungefähr 15 Minuten wurde dann noch ein Mädchen geboren. Es war wohl etwas zierlicher als sein Bruder, schrie aber kräftig und machte einen gesunden Eindruck. Die Mutter nahm den Jungen gleich an die Brust, doch das Mädchen blieb zunächst ohne Beachtung.

Nachdem Mutter und Kinder wohl versorgt waren, befahl ich sie im Gebet Gott an und verabschiedete mich.

Nach ein paar Monaten saß jene Indianermutter mit ihren Zwillingen auf dem Schoß vor dem Ambulatorium. Sie zeigte mir zuerst den Jungen, der sich prächtig entwickelt hatte. Zögernd schob sie dann das Tuch von dem Gesicht des kleinen Mädchens. Ein Bild des Erbarmens bot sich mir. Abgemagert und fast regungslos und kreidebleich lag das kleine einst so zierliche Indianerlein vor mir. Ich konnte es schier nicht fassen! Ob die Mutter nicht genug Milch hatte, beide Kinder zu ernähren? Sie sagte mir, es sei ja nur ein Mädchen und es würde ohnehin bald sterben. Nach ihrer

Sitte würden die Mädchen von Zwillingen immer sterben, sie seien ja nur Mädchen und hätten keinen Wert. Das zu hören, war schockierend und tat mir weh, denn sie und ich waren ja auch nur Mädchen! Diese Anschauung vertraten nicht nur die Indianer, sondern auch viele Brasilianer im Inneren des Landes.

Doch ich wusste mich von Gott geliebt und wertgeachtet. Ich dachte an das ›Gotteswort aus Jesaja 43,4: „... *weil du in meinen Augen wertgeachtet und auch herrlich bist, habe ich dich lieb ...*"

Das habe ich auch der Mutter zu sagen versucht.

Aber was sollte ich nun tun? Ich setzte den Jungen vorübergehend auf eine Flaschennahrung und bat die Mutter, alle drei Stunden mit dem Mädchen ins Ambulatorium zu kommen, um das Kind zu stillen. Sie war mit den Kindern in einer unserer Krankenhütten untergebracht. Immer wieder musste ich für die Indianermutter mit ihren Zwillingen beten.

Das Wunder geschah! Die Kleine fing an, mit großen Zügen an der Mutterbrust zu trinken, so, als hätte sie ganz viel nachzuholen. Man konnte sie förmlich zunehmen sehen. Der Junge vertrug seine Flaschennahrung auch gut und nahm weiter zu. Dadurch, dass die Mutter jetzt viel intensiveren Kontakt zu ihrer kleinen Tochter hatte, entwickelte sich auch eine Liebe zu ihrem Mädchen. Jetzt streichelte sie des Öfteren das Köpfchen ihres Töchterchens und drückte sie fest an sich.

Es war einfach eine Wonne, diese Wandlung mitzuerleben. Schließlich hatte sie dann so viel Milch, dass sie beide Kinder weiter gut ernähren konnte. Aber das Mädchen behielt den Vorrang, jedenfalls solange die drei in unserer Nähe waren.

Feinde werden zu Freunden

Ein mir unvergessliches Erlebnis war die Episode mit zwei Messerstechern, die mir eines Abends gebracht wurden. Beide waren sternhagelvoll und blutüberströmt. Sie hatten sich aus Eifersucht gegenseitig umbringen wollen. Nachdem sie sich mit großen Buschmessern einige klaffende Wunden zugefügt hatten, waren sie in einen erschöpfenden Ringkampf übergegangen, bis sie schließlich auf einem Waldweg liegengeblieben waren. Ein Wagen der Bürgermeisterei kam dort vorbei und der Fahrer dachte zunächst, auf dem Weg liege ein angefahrenes, verblutetes Tier. Mit welchem Entsetzen erkannte er, dass es sich um zwei Menschen handelte. Er lud sie in seinen Wagen und fuhr mit ihnen zur einzigen Tankstelle in unserer Gegend. Der Tankwart legte sogleich Hand an, mit der Absicht, die Blutung zu stillen. Er nahm ein Kilo Kaffeepulver und verteilte es auf die Wunden. Diese Methode wandte man im Inneren des Landes, wo es keine ärztliche Hilfe gab, häufig an, und auch Zauberer bedienten sich dieses „Heilverfahrens". Dann legte er noch einen Verband mit einem alten Öllappen an, der von den Autofahrern nach dem Ölwechsel zum Säubern der Hände benutzt worden war.

Ein weiterer Mann, der gerade getankt hatte, wurde auserkoren, die beiden Männer zu mir zu fahren, da man nicht glaubte, dass sie die hundert Kilometer bis zum nächsten Krankenhaus überstehen würden. Nun waren sie da, und ich hätte sie am liebsten in die Stadt geschickt. Doch der Autofahrer bat mich: „Bitte erbarmen Sie sich, ich bringe sie nicht mehr lebend in die Stadt", und schon hatte er den Ersten in mein kleines Ambulatorium geschleift.

Ich zündete schnell eine Gaslampe an und wandte mich dem Jüngeren zu. Wie war der Mann zugerichtet! Betend wagte ich mich ans Werk und reinigte zunächst die große Verletzung am Kopf – eine 22 cm lange, von Kaffeekörnchen gefüllte Wunde. Eine Betäubung war nicht nötig, denn dafür sorgte bereits das hohe Maß an Alkohol. Es war nicht leicht, die Wunden vom Kaffeepulver zu reinigen. Noch dazu wurde dem Autofahrer, der daneben stand, beim Anblick der pulsierenden Venen schlecht. Fast wäre er noch über meinem Patienten zusammengesackt, sodass ich meine Aufmerksamkeit nun auch noch teilen musste. Sauerstoff hatte ich keinen für ihn, aber Gott sorgte für einen frischen Abendwind, sodass er sich vor der Haustür wieder erholte. Nachdem ich die Wunden genäht, Tetanusserum, Antibiotika und Stärkungsmittel injiziert und mehrere Verbände angelegt hatte, konnte ich den Patienten auf meine sogenannte Intensivstation auf den Rasen vor dem Haus verlegen. Dort wurde er vom kühlen Abendwind umweht, während ich mich dem zweiten Mann zuwandte. Er war knapp 30 Jahre alt und nicht ganz so übel zugerichtet wie der erste. Nach ungefähr drei Stunden konnten beide Männer wieder in den Wagen geladen werden, und ich bat den Fahrer, sie noch ins Krankenhaus zu fahren, da ich lediglich Erste Hilfe geleistet hatte.

In meinem Ambulatorium sah es aus wie auf einem Schlachtfeld, und ich brauchte lange, um alles wieder zu säubern. In den wenigen Nachtstunden bis zum Morgen spielte sich das Erlebte immer wieder vor meinen Augen ab und ich begleitete die Männer im Gebet auf ihrem Weg ins Krankenhaus. Der Fahrer hatte meiner Anordnung auch Folge leisten wollen, aber als die Männer nach und nach zu sich kamen und gesprächig wurden, nahm er von diesem Vorhaben Abstand und bog kurz vor dem Krankenhaus ab in Richtung Polizeipräsidium.

Zwei Tage später stand er wieder vor meiner Haustür mit den beiden Messerstechern. Mir blieben die Worte im Halse stecken, als ich sie kreidebleich vor mir stehen sah. Sie kamen auf Anordnung des Polizeichefs, mit dem ich schon des öfteren Kontakt gehabt hatte. Denn bevor sie für ein paar Wochen ins Gefängnis wanderten, sollte ihnen noch ein ordentlicher Verband angelegt werden. Jetzt, da sie nüchtern waren, erzählte ich ihnen von Jesus und legte ihnen sehr ans Herz, sich zu versöhnen. Außerdem gab ich ihnen einige Evangeliumsblätter mit auf den Weg, da sie in ihrer Zelle sicher Zeit zum Lesen hätten. Überdies bat ich den Polizeichef, sie doch bitte nicht auf den Kopf zu schlagen – auch wenn sie Strafe verdient hätten – da sonst meine ganze Arbeit vergeblich gewesen wäre.

Acht Tage später sollten sie zum Fädenziehen wiederkommen. Doch es vergingen fast vier Wochen, bis jener Autofahrer wieder einmal bei mir vorbeikam und andere Patienten brachte. Als ich mich nach den Messerstechern erkundigte, sagte er: „Denen geht es gut, die arbeiten schon wieder."

„Aber sie sollten doch nach acht Tagen zum Fädenziehen kommen", entgegnete ich.

„Die Fäden habe ich gezogen, denn ich habe ja aufgepasst, wie Sie alles gemacht haben. Außerdem waren die Wegverhältnisse so schlecht, dass ich gar nicht kommen konnte."

Dann erzählte er mir, wie er die Männer überredet hatte, sich seinen Händen anzuvertrauen, und dann die Fäden gezogen hatte. Er hätte ihnen gesagt, dass es auch nicht so weh tun würde wie bei der Schwester. Wir mussten beide herzlich lachen. Schließlich fuhr er fort: „Und noch etwas ist geschehen. Die beiden haben Ihre Schriften gelesen und mich gebeten, sie an die Stelle zu fahren, an der sie sich umbringen wollten. Dort haben sie sich die Hände gereicht und einander vergeben und sich versöhnt. Sie sind sogar Freunde geworden."

Gib Gott, was ihm gehört

„Wie machst du das nur, dass du immer etwas abzugeben hast, wo du doch unter so armen Menschen lebst?" So wurde ich häufig gefragt. Bereits als Kind machte ich darin erste Erfahrungen und „erglaubte" mir meine erste Bibel pfennigweise. Ich zog Leuten die Handwagen, trug ihre Taschen und half älteren Menschen. Manches Mal wurde ich anschließend mit einer Pfennigspende belohnt. Diese bewahrte ich sorgfältig auf, da ich mir unbedingt eine Bibel kaufen wollte, die ich mein Eigentum nennen konnte. Immer wieder schüttete ich abends die Pfennige auf mein Bett, um sie zu zählen. Sie mussten doch endlich eine Mark ergeben, damals der Preis für die billigste Bibel. Mein Glück war unbeschreiblich, als ich dieses Ziel erreicht hatte. Meine Bibel war mir unglaublich wertvoll und kostbar. Darum fiel es mir auch später schwer, eine Bibel zu verschenken, und ich bemühte mich, den Menschen Gottes Wort lieb und wert zu machen. Sie selbst hatten mir ja gesagt: „Was nichts kostet, ist nichts wert."

Als Jugendliche las ich, dass Gott seinem Volk geboten hatte, den Zehnten von jeglichem Ernteertrag abzugeben. Es wurde mir zu einer Gewohnheit, dieses Verhalten auch für mein Leben einzuüben. Ich wurde dabei nie ärmer und hatte immer etwas abzugeben.

Jetzt war ich aber in Brasilien. Sollten hier andere Glaubensregeln gelten? Nein, denn ich erfuhr bald, dass Gott auch hier zu seinem Wort steht.

Einmal brauchten wir Nägel, um das Grundstück für einen Kirchenbau einzuzäunen. Wir hatten jedoch kein Geld in der Kasse. Dennoch starteten wir keinen Spendenaufruf, sondern stellten einfach einen Kasten auf, in den Leute ihr freiwilliges Opfer einwerfen konnten. Monate vergingen. Als wir dann eines Tages den Kasten öffneten, war weit mehr Geld darin, als eigentlich benötigt wurde. Wir fühlten uns ermutigt, nun auch für neue Kirchenstühle „zu glauben". Wieder vergingen Monate, und siehe da – wie groß war die Freude, als wir die wackligen Bänke gegen neue Stühle eintauschen konnten. Und das Schönste war, dass diese Anschaffung die Kirchenkasse nicht belastet hatte.

Diese „Glaubensmethode" wandte ich auf allen Missionsstationen an, egal, wie arm die Bevölkerung war. Auch arme Menschen schulden Gott Dank und auch sie wollten ihm ihren Dank ausdrücken. Diese Lektion mussten und müssen gerade wir Ausländer lernen, da wir zu oft vorschnell nach dem urteilen, was vor Augen ist. Wir versuchen, den armen Menschen mit Geschenken – oder besser Almosen – weiter zu helfen, doch das ist ein Fass ohne Boden und eigentlich gar keine richtige Hilfe. Für diese Erkenntnis gaben uns Missionaren gerade die Bedürftigen Anschauungsunterricht, denn für die Dinge, die sie wirklich haben wollten, hatten sie genug Geld oder sie „machten" welches, wie sie es nannten.

So wollten wir beispielsweise einer armen Frau beim Bau ihrer Bambushütte behilflich sein und ihr Backsteine für den Fußboden schenken. Sie lehnte jedoch freundlich ab, sie brauche die Backsteine nicht, sei mit ihrem Lehmfußboden zufrieden und wolle sich lediglich noch einen Papagei kaufen. Der sei zwar sehr teuer, aber sie werde das Geld schon zusammenbekommen. Bereits nach vierzehn Tagen hatte sie ihren Papagei.

Auf allen Missionsstationen führten wir ein, dass zum sonntäglichen Kirchenbesuch auch die Kollekte gehörte. Die Eltern, die das begriffen hatten, gaben auch ihren Kindern ein kleines Geldstück in die Hand. Einmal hatte eine Mutter ihrem Jungen das Höschen verkehrt herum angezogen, sodass die kleine Hosentasche nicht hinten, sondern vorne war. Damit der Kleine das Geldstück nicht die ganze Zeit in der Hand halten musste, hatte er es vorne in die Tasche gesteckt und immer wieder herausgeholt und angeschaut. Nach dem Gottesdienst wollte ich die Mutter darauf aufmerksam machen, dass sie das Höschen verkehrt herum angezogen habe, doch sie sagte mir: „Nein, ich habe sie extra so angezogen. Das Opfer muss immer vorne sein!" Ich dachte, wenn mir – im übertragenen Sinne – das Opfer Jesu auch immer vor Augen stünde, würde es mir nicht schwerfallen, in allen Dingen dankbar zu sein.

Ein andermal war in einer Familie das siebte Kind geboren worden. Natürlich kam der neue Erdenbürger mit zum Gottesdienst. Als die Kollekte eingesammelt wurde, kam eines der Geschwister mit dem Neugeborenen auf dem Arm nach vorne. Sie hatten dem Säugling tatsächlich einen Geldschein auf den Bauch gebunden. Die Begründung lautete: „Der konnte noch nichts verdienen, da haben wir ihm den saubersten Geldschein, den wir hatten, auf den Bauch gebunden." Sehr sinnig, denn in Brasilien sind die meisten Geldscheine ausgesprochen schmutzig!

Einer unserer Glaubensbrüder wollte nicht zum Gottesdienst kommen, weil er kein Geld für die Kollekte hatte. Seine Frau ermutigte ihn, einfach mal zum Fluss zu gehen und die Angel auszuwerfen, vielleicht würde ja wenigstens ein Fisch anbeißen. Und genau so geschah es und er konnte den Fisch verkaufen. Strahlend erzählte er mir im Gottesdienst die Geschichte von seinem „Kollektenfisch".

Was ist mir Jesus wert? Diese Frage beschäftigt mich immer wieder in meinem Leben und ich könnte noch viele Beispiele anführen, die deutlich machen, dass es beim Opfern immer um den Wert geht, den ich einer Sache zumesse.

Rund um Weihnachten

Wie in Deutschland so war auch in Brasilien das Singen von Weihnachtsliedern zu gegebener Zeit sehr beliebt. Darunter natürlich auch „Herbei, oh ihr Gläubigen", was auf Portugiesisch: „O, vem triunfantes" heißt. Carlito, einer meiner Buben aus der Kinderstunde, wollte wissen, was „triunfantes" für Tiere seien und ob man sie auch im Zoo sehen könne wie die Elefanten, denn die habe er besonders gern. Ach, darum hatte er immer gesungen: „O, vem elefantes." Ich versuchte Carlito zu erklären, dass triunfantes keine Tiere, sondern Menschen seien, die den Herrn Jesus lieb haben und an ihn glauben. Ob er es verstand? Ich glaube nicht, denn als wir das Lied wieder anstimmten, schmetterte er mit Inbrunst. „O, vem elefantes." Die konnte er sich wenigstens vorstellen.

Natürlich sangen wir auch: „Hosianna in der Höhe." Damit hatten nun wieder die Zwillinge Hanna und Dorothea Probleme, ja, es kam regelrecht zu Eifersuchtsszenen unter ihnen. Dorothea konnte es nicht verkraften, dass nur Hanna besungen wurde. Aus Protest sang sie dann jedes Mal, wenn in einem Lied „Hosianna" vorkam, lauthals: „Hosithea in der Höhe."

Die Weihnachtszeit ist in Brasilien normalerweise die heißeste Zeit des Jahres, denn da ist Hochsommer. Verständlich, dass gerade um diese Zeit die Moskitos auch Hochsaison haben und uns am Tag wie in der Nacht viel zu schaffen machten. Oft konnten wir nachts nur unter einem Moskitonetz Ruhe finden, wenn wir nicht durch das Surren der Plagegeister gestört wurden.

Aber es gab auch sogenannte Weihnachtskäfer, die unseren Maikäfern ähnlich sind und ebenso laut brummen. Wir erkannten sie daran, dass ihre Augen wie zwei Stecknadelköpfe leuchteten, und erschraken jedes Mal, wenn sie sich – wie die Maikäfer – mit ihren Beinen an uns festkrallten. Die Kinder fingen sie gerne ein und trieben ihren Schabernack mit ihnen, zum Beispiel auch in den Gottesdiensten. Dafür waren die Hosentaschen ein willkommenes Versteck. Und wenn man plötzlich so einen Weihnachtskäfer an den Hals gesetzt bekam, löste die begeisterte Reaktion große Freude bei den kleinen Übeltätern aus.

Es war Heiligabend und das Thermometer zeigte immer noch 38° an. Auch der Gedanke, dass es in Deutschland jetzt winterlich kalt und weihnachtlich beschaulich war, brachte keine Abkühlung und ließ keine sentimentale Stimmung aufkommen. Wir mussten uns mit anderen Dingen auseinandersetzen, denn es war Erntezeit und die Erdnüsse waren reif. Wer konnte, jung oder alt, war auf dem Feld und niemand dachte daran, dass heute Heiligabend war. Der hat ohnehin in Brasilien keine große Bedeutung. Dafür wird am nächsten Tag der Weihnachtsgottesdienst festlich begangen, dem einzigen Feiertag dieses Kirchenfestes, wie an Ostern. In den Städten plärrten zwar schon seit vielen Wochen die diversen Lautsprecher Weihnachtslieder in mehreren Sprachen in die Welt hinaus, doch diese modernen Sitten waren noch nicht bis zu uns ins Innere des Landes vorgedrungen. Wir hatten unseren Blick eher auf das Wetter gerichtet. Wer weiß, vielleicht würde es morgen regnen? Darum sollte heute die Ernte noch eingebracht werden.

Ich war nicht mit auf dem Feld, hatte aber Hochbetrieb im Ambulatorium. Immer wieder klingelte es und zwischendrin hörte ich auch mal lautes Geschrei. Als ich die Tür öffnete, standen zwei Polizisten mit einer kreischenden Frau im Schlepptau, die sich mit ihrem Mann gestritten und Verletzungen am Arm hatte. Als ich sie verarztet hatte, brachten sie mir das nächste Opfer, eine alte Frau, deren Mann sie mit dem Kochtopf erschlagen wollte. Sie hatte etliche Blessuren am Kopf und ganz nüchtern war sie auch nicht. Kurz danach kam ein Mann. Er war Vater von sechs Kindern und als Taxifahrer im Ort bekannt. Er erklärte mir, dass ihm ein „Ausrutscher" passiert sei, und bat mich darum, die junge Frau, die er aus seinem Wagen holte, zu untersuchen. Sie sei im vierten Monat schwanger und er wollte wissen, ob es dem Kind gut ginge.

Und das alles am Heiligen Abend! Als sich der Arbeizstag dem Ende zuneigte, gab ich alles Durchlebte im Gebet an Jesus ab und freute mich auf den Abend. Da wollte ich nämlich zusammen mit Familie Kahl, unserer Tradition und Kultur gemäß, den Heiligen Abend feiern.

Wir sangen einige Weihnachtslieder, lasen die Weihnachtsgeschichte und wollten gerade das festliche Abendbrot einnehmen, als wir ein heftiges Klatschen vor der Haustür vernahmen. Wer mochte das sein? Draußen stand Dona Tereza, die Frau des Taxichauffeurs, der am Nachmittag bei mir gewesen war, und wollte mit mir sprechen. Wir luden sie zum Abendessen ein, doch sie konnte kaum einen Bissen zu sich nehmen, so sehr nagte der Kummer an ihrer Seele. Hernach ging ich mit ihr ins Ambulatorium, wo sie ihren Tränen erst einmal freien Lauf ließ.

„Schwester Ilse, helfen Sie mir", brachte sie nur stotternd hervor. „Mein Mann hat die Francisca nach Hause gebracht, weil ihre Brüder ihn umbringen wollten. Das Kind, das sie erwartet, soll von ihm sein. Ich werde ihn noch heute verlassen und nehme meine sechs Kinder mit!" Und das am Heiligen Abend! Während sie mir ihr Herz ausschüttete, flehte ich innerlich zu Gott und bat ihn um Weisheit und sein Erbarmen für diese leidgeprüfte Frau. Dann betete ich mit ihr und schließlich meinte sie: „Es ist mir während des Gebetes klar geworden, dass ich die Francisca als meine Tochter annehmen soll. Es fällt mir schwer, aber ich will es tun. Und morgen bringe ich sie mit in den Weihnachtsgottesdienst."

Das war trotz allem schweren Erleben an diesem Heiligen Abend noch ein Sieg, der nicht uns, sondern Gottes Gnade zuzuschreiben war. Nun konnten wir am nächsten Tag von Herzen mit einstimmen: *Ehre sei Gott in der Höhe und Friede auf Erden und den Menschen ein Wohlgefallen.*

Fürsorge besonderer Art

Gabriel war damals ungefähr sechs Jahre alt. Er ist der Adoptivsohn von unseren Missionaren Martin und Dorothea Kahl, die mit mir auf demselben Grundstück wohnten. Darum war er auch mit allem vertraut, was sich in der Nachbarschaft abspielte. So hatte er des Öfteren mitbekommen, wer meine Patienten waren. Da kam es vor, dass er zu mir in den Garten kam und sagte: „Schwester Ilse, es ist Kundschaft für dich da, eine Frau. Du kannst aber ruhig erst noch hier weiterarbeiten, sie stöhnt noch nicht!" Bis ich dann kam, hatte Gabriel schon ein Gespräch mit der Frau geführt. So wusste er bereits, woher sie kam und ob sie schon Kinder hatte und manches mehr. Die Anamnese war also schon aufgenommen.

Ein anderes Mal war er ein Mutmacher für ein krankes Kind, das große Angst vor der Behandlung hatte. Gabriel sprach ihm Mut zu und sagte: „Es tut überhaupt nicht weh, und weißt du, die Schwester hat ein großes Glas voll Gummibärchen. Wenn du nicht weinst, schenkt sie dir eins oder vielleicht auch zwei."

Ja, der Kleine war sehr tapfer, er weinte nicht und wurde natürlich mit Gummibärchen belohnt. Hernach fragte Gabriel mich, ob er geweint habe. Nein, das hatte er nicht. Doch nun musste ich meinen kleinen Mutmacher für seinen „vorbereitenden Dienst" natürlich auch belohnen.

Einem anderen Kind wollte ich das Danke-Sagen beibringen. Der Kleine stand in meinem Ambulatorium vor dem Glas mit den Gummibärchen und schaute sie sehnsüchtig an. Als ich ihm eins schenkte, fragte ich ihn: „Und was sagt man jetzt?" Prompt kam die Antwort: „Ich möchte noch eins." Kann man da Nein sagen?

Wenn wir auf unserer einsamen Missionsstation Besuch bekamen, war das immer ein Fest. Darum gab es dann und wann auch einmal gebratene Hühnerbeine zum Mittag oder Abendbrot. Da setzte sich Gabriel meistens neben mich und flüsterte mir schon vorher ins Ohr: „Du kannst mir ruhig die Haut geben. Und wenn noch etwas Fleisch dran ist, das macht gar nichts." Das war Fürsorge besonderer Art.

Es gab aber auch noch andere Menschen, die mich fürsorgend begleiteten.

Der brasilianische Winter hat es in sich. Wir fürchteten ihn mehr als den Sommer. Da unsere Häuser nicht beheizbar waren, fegte der kalte Wind durch alle Ritzen. Zudem herrscht oft eine hohe Luftfeuchtigkeit, sodass wir die Kälte sehr zu spüren bekamen. Die Betten waren klamm, wenn wir sie am Abend aufsuchten, und die Handtücher stets feucht. Ja, ich fror in Brasilien mehr als im strengsten Winter in Deutschland, obwohl es eigentlich längst nicht so kalt war. An so einem kalten Wintertag kam der Vater einer kinderreichen Familie zu mir, dessen Frau ich schon einige Male entbunden hatte. Er fragte mich besorgt, ob ich nicht eines seiner Kinder als Wärmflasche haben wollte, damit ich nicht so frieren müsse. Nun, auch das war Fürsorge der besonderen Art. Oder war einfach kein Schlafplatz übrig in ihrer Hütte für jenes Kind? Das alles war möglich.

Oder Nivaldo, der aufgrund seiner dunklen Hautfarbe nur der „schwarze Nivaldo" genannt wurde. Auch seine Frau hatte ich entbunden und die große Dankbarkeit der Familie bewegte mich tief. Sie waren so voller Dank dafür, dass alles so gut verlaufen war, dass Nivaldo des Öfteren zu mir kam und in einer Schubkarre Obst, Gemüse und eine Kanne voll Milch vorbeibrachte, sodass ich immer etwas zum Weitergeben hatte. Eines Tages brachte er mir sogar ein kleines Schaf, damit ich nicht mehr so viel Gras mähen müsste. Auch das war Fürsorge besonderer Art! Doch mein Schaf war auch an Rosen und anderen Pflanzen interessiert, sodass ich mich eines Tages wieder von ihm trennen musste. So erfuhr ich

auf allen meinen Dienstplätzen auf mancherlei
Art und Weise letztlich die Treue und Fürsorge
Gottes.

Wie war das nur möglich?

Aufgeregt war Adriana von der Schule nach Hause gekommen und hatte gerufen: „Mutter, es ist etwas Schlimmes passiert. Die Lehrerin hat gesagt, Schwester Ilse habe sich alle beide Arme gebrochen!" Die Mutter wollte ihre Tochter beschwichtigen und sagte: „Bist du still, der Mensch bricht sich immer nur einen Arm, wie kannst du nur so einen Quatsch in die Welt setzen!" Doch Adriana blieb bei ihrer Aussage und bekräftigte diese noch mit den Worten: „Und was die Lehrerin sagt, das stimmt!" Daraufhin rief die Mutter ihre vier Kinder, zog sie ordentlich an und machte sich auf den Weg. Wenige Minuten später klopften sie an meine Haustür und ich stand mit meinen beiden Gipsarmen vor ihnen. Ungläubig fragte die Mutter, ob ich wirklich beide Arme gebrochen hätte, so etwas wäre doch eigentlich nicht möglich und ich hätte den anderen Arm doch nur in Gips gelegt, damit es ein einheitliches Bild ergäbe. Um die Glaubwürdigkeit der Tochter zu retten, musste ich der Mutter eine genaue Erklärung abgeben, wie alles geschehen war. Dann bedauerten sie mich und gingen bedrückt wieder fort.

Kurz darauf erschien eine andere Frau, die in 14 Tagen zur Entbindung ihres zweiten Kindes unbedingt zu mir kommen wollte. Als sie erkannte, was passiert war, jammerte sie nur: „Bitte, bitte, Schwester Ilse, entbinden Sie mich, ich störe mich auch nicht an Ihren Gipsarmen!" Doch wie sollte das gehen? Ich konnte ihr nur Mut machen, diesmal in die Stadt ins Hospital zu gehen. So musste ich viele Patienten einfach fortschicken oder sie mit einem guten Rat trösten. Andere waren stolz, dass sie sich unter meiner Aufsicht die Medizin selbst aus dem Regal holen durften.

Doch wie war es zu diesem Missgeschick gekommen? Es war ein Tag gewesen. Am Abend wartete nur noch ein bisschen Gartenarbeit auf mich, ein guter Ausgleich zu dem Umgang mit all den kranken Menschen. Dafür stand ein großer Wasserkasten zur Verfügung, der 1000 Liter Regenwasser fasste. Das Tagewerk war geschafft und ich wollte meine Gießkanne füllen. Meistens sprang ich dazu über die kleine Mauer, die unsere Beete vor Erosionen schützte. Diesmal aber gelang mir der Sprung nicht, ich blieb mit einem Fuß in der Schürze hängen und wollte mich am Deckel der Wasserkiste abstützen. Doch mit meinen nassen Händen rutschte ich auf dem glatten Deckel ab und schlug mit voller Wucht mit beiden Handgelenken auf den Zementsockel. Da war es geschehen! Es war mir klar: Meine Arme waren gebrochen! Und jetzt? Familie Kahl war zum Dienst in unserer Kreisstadt Querencia und würde erst sehr spät nach Hause kommen. Es gab keine telefonische Verbindung. Langsam schleppte ich mich unter großen Schmerzen, der Ohnmacht nahe, zu meinem Haus.

Ein Auto kam. Auch das noch! Halt, war das nicht das Geräusch unseres VW Kombis? Ja, wirklich! Familie Kahl kam frühzeitig zurück, weil die Evangelisationsstunde nicht stattfinden konnte. Wie war ich froh! Schnell wurden meine Arme geschient und los ging die Fahrt in die Stadt. Vor jedem Erdloch ermahnte mich Herr Kahl, noch einmal die Zähne zusammenzubeißen.

Es war eine lange Fahrt. In der ersten Kreisstadt gab es keinen Röntgenapparat. In der zweiten Kreisstadt wurden gerade die Röntgenplatten ausgetauscht, also ging es weiter zur nächsten Kreisstadt. Der zuständige Arzt war unterwegs, doch der Röntgenassistent, der ebenfalls außer Haus war, konnte schon einmal benachrichtigt werden. Die Röntgenaufnahmen bestätigten die Brüche, rechts ein komplizierter Trümmerbruch, dessen Folgen man heute noch sieht, und links eine Radiusfraktur. Nach einer langen, schmerzhaften Wartezeit traf der Arzt endlich ein und musste erst eine Frau operieren. Also weiterwarten! Kurz vor Mitternacht waren dann meine beiden Arme eingegipst, der rechte von den Fingerspitzen bis über den Ellenbogen und der linke bis zum Ellenbogen!

Wie sollte das Leben jetzt weitergehen? Würde ich je wieder eine Frau entbinden und mit dem Jeep fahren können? Diese und viele anderen Fragen gingen mir durch den Kopf, dennoch hatte ich Grund, meinem Gott zu danken. Wie gnädig hatte er die Umstände gelenkt, dass ich durch das schnelle Eintreffen von Familie Kahl Hilfe erfuhr. Noch in derselben Nacht installierte Herr Kahl ein Interfon zwischen unseren Häusern, damit wir uns verständigen konnten. In den wenigen noch verbliebenen Nachtstunden überlegte ich, wie ich mich wohl waschen könnte. Meine Gedanken unterbreitete ich am nächsten Tag meinen Nachbarn und schon umwickelte Herr Kahl zwei dünne Bambusstäbe mit Schaumgummi, sodass ich einen für die oberen und den anderen für die unteren Extremitäten verwenden konnte. Mit den Fingerspitzen konnte ich sie bedienen, den Lichtschalter dagegen mit der Stirne und andere Dinge mit den Knien. Auch Schreibmaschine schrieb ich mit den Fingerspitzen, die ich ohnehin stets bewegen musste. Beim Kämmen und Anziehen half Frau Kahl, gut, dass sie auf demselben Grundstück wohnte! Wer sich besonders freute, mir das Essen zu reichen, war Gabriel, dem es Spaß machte, mir den Strohalm zum Mund zu führen.

Doch nicht nur meine Nachbarn nahmen sich meiner an. Die Kunde von meinen gebrochenen Armen ging wie ein Lauffeuer durch die ganze Gegend. Jeden Tag kamen Leute und wollten mich mit einer Liebesgabe erfreuen – mit selbst gebackenem Weißbrot, ein paar Stängeln gebratener Mandiocwurzel, einem Stück gut zubereitetem Wildschwein oder Gürteltier oder Wildente und dergleichen mehr. Der Tankwart kam aus der Kreisstadt und brachte fünf Kilogramm selbst geernteten Reis von seinem Feld. Andere schleppten Maiskolben, eine Tüte schwarz gerösteten Kaffee, Erdnüsse, ein paar gebratene Hühnerbeine, ganze Bananenstauden oder Apfelsinen herbei. Alle wollten auf irgendeine Weise der „Mutter des Volkes" ihre Liebe und Anteilnahme bekunden.

Diese Zuwendungen habe ich so weder vorher noch nachher erfahren. Ich wurde dabei oft an die biblischen Berichte erinnert, wie sie Elia oder auch das Volk Israel erlebt hatte. Alles hatte seine bestimmte Zeit.

Nach 35 Tagen sollte der Gips entfernt werden. Wir zählten die Tage genau, damit es keiner zu viel war. Nun sollte ich jeden Tag über einige 50 Kilometer in die dritte Kreisstadt fahren, um zehn physiotherapeutische Behandlungen zu bekommen. Es ging von einem Lernprozess in den anderen. Zuerst musste ich mich wieder ganz neu an den Jeep gewöhnen. Das Schalten der Gänge war eine schmerzhafte Angelegenheit und ich betete die Hühner und Schweine und Hunde von der Straße weg, damit ich nicht so viel schalten oder hupen musste. Zu Hause übte ich weiter und machte schnell gute Fortschritte. Wie freute ich mich, als ich wieder den Brotteig kneten konnte! Und dann die erste Geburt nach dem Unfall. Wie gnädig, dass es nicht gleich ein fünf Kilo schwerer Brocken war …

So bin ich mit einem dankbaren Herzen wieder in den normalen Rhythmus des Lebens gestiegen. Wenn die Kraft in den Händen auch bis heute eine gebrochene ist, so möchte ich die erlebte Gotteshilfe nie vergessen, die ich so reichlich erfahren durfte. Darum: *„Lobe den Herrn, meine Seele, und vergiss nicht, was er dir Gutes getan hat, der dir alle deine Sünden vergibt und heilet alle deine Gebrechen"* (Psalm 103,2).

Engeldienste

Es war ein heißer Dienstag und eine Fahrt in die Stadt stand an. Eine Medikamentenbestellung war fällig, Rechnungen mussten bezahlt und allerlei Einkäufe erledigt werden. Natürlich hatte sich herumgesprochen, dass die Schwester manches billiger bekam, darum erhielt ich kurz vorher immer viele Bestellungen. Da sollte ein Huhn auf einem bestimmten Gehöft abgegeben werden, jemand brauchte einen bestimmten Draht für einen Zaun oder Dünger und Kalk für den Garten. Ein anderer benötigte ein Paar billige Schuhe. Wenn man die Größe nicht wusste, bekam ich ein Stück Band mit, das die Größe angab – man muss sich nur zu helfen wissen. Hinzu kamen allerlei Lebensmittel wie Zucker, Mehl, Reis oder Salz und noch vieles mehr. Nicht selten wollte auch noch jemand mitfahren, denn nach der Auffassung der Brasilianer hatte der Wagen eines Missionars ein Mutterherz: hier war immer noch ein Platz frei. Am Ende war mein Wagen immer brechend voll geladen und ich konnte nur Gott vertrauen, dass die Staubpisten nicht so viele Löcher hatten und ich mit allem Hab und Gut wohlbehalten zurückkehren würde.

Diesmal hatte ich einen besonderen Auftrag,

denn heute war der letzte Tag, an dem die Stromrechnungen bezahlt werden konnten. Um das Fahrgeld für den Bus zu sparen, brachten mir die Leute ihre Rechnungen – fast dreißig an der Zahl. Allerdings – die Bank schloss um 15.00 Uhr und wer bis dahin nicht bezahlt hatte, musste mit einer Geldstrafe rechnen.

Also machte ich mich nach dem Mittagessen rechtzeitig auf den Weg. Normalerweise brauchte ich für die 30 km lange Strecke eine halbe Stunde. Diesmal jedoch nicht! Als wir 3 km gefahren waren, blieben wir in einem Schlagloch stecken. Was tun? Es war klar, dass ich allein den Wagen weder vor noch zurück bewegen konnte. Doch woher sollte ich Hilfe bekommen? In dem einzigen naheliegenden Gehöft traf ich nur eine alte Frau, ihre Schwiegertochter und viele Kinder an, da alle anderen zur Arbeit auf dem Feld waren. Es wurde immer heißer. Weit und breit war kein Mensch zu sehen, und die Zeit verrann. In meinem Herzen flehte ich Gott um Hilfe an. Würden wir die Bank noch geöffnet finden?

Da! In weiter Ferne hörte ich das Geräusch eines Wagens, der näher kam und schließlich bei uns hielt. Darin saß der einzige Mechaniker, der in unserer Gegend bekannt war. Er war auf dem Weg zu seiner Schwester gewesen, um ihr etwas Milch vorbeizubringen.

Als Fachmann entdeckte er rasch den Schaden: Der Bautenzug zum Gaspedal war gerissen. Er nahm eine Zange aus meiner Werkzeugtasche und ging so lange am Zaun einer Viehweide entlang, bis er den richtigen Draht für die Reparatur gefunden hatte.

„So", sagte er, nachdem er den Schaden behoben hatte, „jetzt brauchen Sie deswegen nicht mehr in die Autowerkstatt."

Dankbar erwiderte ich: „Manuel, du warst uns ein Engel!"

Ja, er war unser Engel im Alltagsgewand gewesen – und Engel können halt auch Autos reparieren und noch vieles mehr. Wie oft durfte ich das erleben.

Doch nun waren es nur noch 10 Minuten bis 15.00 Uhr und es schien klar, dass ich die Bank nicht mehr rechtzeitig erreichen würde. Oder sollte Gott noch einen Engel bereithalten?

Ja, er tat es! Die Türen der Bank waren bereits alle verschlossen, als ich ankam, ein Wächter jedoch bemerkte mich und fragte durch den Türspalt, was ich wollte. Nachdem ich mein Anliegen vorgetragen hatte, ließ er mich hereinschlüpfen, und obwohl die Beamtin die Kasse bereits geschlossen hatte, fertigte sie mich mit meinen Rechnungen doch noch freundlich ab.

Mit einem Herzen voller Dank für das wunderbare Eingreifen Gottes kam ich wieder gut zu Hause an – und die Menschen freuten sich, dass sie keine Strafe zahlen mussten.

Ja, Engel sind Tag and Nacht bereit zu helfen – das erlebte ich auch an jenem Sonntag, an dem ich mit dem Nachtbus von Querencia nach Curitiba fahren musste. Es war ein Tag mit Bilderbuchwetter, ein herrlich blauer Himmel voller weißer Wolken spannte sich über uns, wohltuend nach langen Regentagen.

Gut, dass ich mich rechtzeitig mit dem Jeep von Porto Brasilio aus auf den Weg nach Querencia gemacht hatte. Gut auch, dass der Jeep Allradantrieb hatte, so konnte ich einen Wagen, der im Schlamm steckengeblieben war, ein ganzes Stück ziehen, bis er aus eigener Kraft weiterfahren konnte. Doch was war das? Plötzlich stand mein Wagen still. Benzin war genügend vorhanden, aber der Ölstand hätte etwas besser sein können. Doch wo sollte ich auf der einsamen Wegstrecke Öl bekommen? Es kam aber auch kein Wagen entgegen, den ich hätte anhalten können! Da erinnerte mich Gott an ein Gehöft in der Nähe. Also ließ ich den Wagen stehen macht mich auf den Weg. Die Leute kannten mich und halfen mir mit einer Flasche Öl aus, der Jeep aber wollte sich einfach nicht in Bewegung setzen. Ein Blick auf die Uhr sagte mir, dass ich den Bus nicht mehr erreichen würde und somit auch die Fahrkarte ihren Wert verlor.

Doch was hatte ich noch heute Morgen den Kindern in der Sonntagsschule für einen Bibelvers gesagt? *„Fürchtet euch nicht, stehet fest und sehet zu, was für ein Heil der Herr heute an euch tun wird"* (2. Mose 14,14). Jetzt hatte ich eine Glaubenslektion zu lernen, ich erinnerte den Herrn im Gebet an sein Wort und klammerte mich an den Gedanken, dass sein Heute auch über 24 Stunden hinausreichte!

Gar nicht viel später tauchte in der Ferne ein Wagen auf, nach langer Wartezeit der einzige! Der Fahrer war mir gut bekannt und er nahm mich zurück nach Porto Brasilio. Den Jeep überließ ich betend Gott. Der Abendgottesdienst war gerade zu Ende und das Erstaunen groß, als ich ohne Jeep zurückkehrte. Kurz entschlossen fuhr Missionar Kahl mit mir zu einem Mann, der Ahnung von Autos hatte, meistens aber zu betrunken war, um helfen zu können. Zu meinem Erstaunen war er diesmal aber nüchtern und kam sogleich mit. Schnell entdeckte er den Schaden: eine Düse war verstopft. Das war wohl beim Abschleppen durch den Schlamm geschehen. Er blies die Düse durch und mein Jeep war wieder fahrtüchtig.

Engeldienste mitten in der Nacht!

Doch die Nacht war noch nicht zu Ende! Kaum

lag ich im Bett, hörte ich Schritte vor meiner Haustür. Eine klägliche Stimme sagte: „Schwester Ilse, ich glaube, ich habe das Nachtessen nicht vertragen, ich habe solche Koliken!" War das nicht die Stimme von Märta? Ja, sie war es. Märta stand erst in drei Wochen auf meinem Terminkalender zur Geburt ihres zweiten Kindes, doch als ich sie untersucht hatte, konnte ich ihr sagen, dass es keine Koliken gab und dass sie gleich dableiben könne, das Kind würde in einer halben Stunde geboren. So war es dann auch. Mein Herz war dankbar bewegt gegen Gottes große Treue und seinen perfekten Zeitplan. So sah also das Heil aus, das ich „heute" erfahren sollte.

Doch das Heute hatte einen langen Atem, denn ich konnte am nächsten Tag noch alle Wäsche waschen und auch Märta mit ihrem Baby im Arm und allem, was eine frisch entbundene Frau zur Stärkung braucht, nach Hause fahren. Gemeinsam dankten wir Gott für seine gnädige Fügung, dann begab ich mich wieder auf die Fahrt nach Querencia. Dort aber warteten schon die nächsten Engel auf mich. Als ich zum Fahrkartenschalter kam, sagte die freundliche Mitarbeiterin zu mir: „Wir wussten, Sie mussten irgendwie verhindert sein, sonst wären Sie pünktlich hier gewesen. Der Busfahrer, der Sie gut kennt, wartete noch eine Viertelstunde, doch dann haben wir die Fahrkarte für heute umgebucht und gespannt nach Ihnen Ausschau gehalten."

Ich beschenkte sie noch mit einigen Evangeliumsschriften und ließ sie an meinem Gotterleben teilhaben. Die Freude war groß!

Der Mensch muss sich zu helfen wissen

Es hat mich immer sehr erschüttert, wenn ich davon erfuhr, dass eine Mutter ihr Neugeborenes im Schlaf erdrückt hatte. Weil die gesamte Familie in einem Bett lag, konnte so etwas leicht passieren. Wie könnte ich da Abhilfe schaffen? Nach einigem Überlegen hatte ich eine Idee. Ich gab den frisch entbundenen Müttern einen Wäschekarton mit nach Hause, den ich ihnen als Säuglingsbettchen einrichtete. Das wurde sehr geschätzt, denn noch nach Monaten zeigte mir einmal eine Mutter voller Stolz, dass ihr Kind immer noch in dem Bettchen schlief. Das Kind sei zwar gewachsen, aber man hatte eine Lösung gefunden. Die Mutter hatte auf der einen Seite des Kartons zwei größere Löcher gebohrt, damit die Beinchen des Babys herauswachsen konnten!

Gerade die armen Leute wussten sich am besten zu helfen. Viele Beispiele fallen mir ein:

Was plätschert denn da vom Baum herunter, es regnet doch gar nicht? dachte ich, als ich eine Ölbüchse entdeckte, die in dem Baum hing. Was war geschehen?

Einer unserer Nachbarn hatte sich eine „Dusche" angelegt, indem er Wasser mit einem Schlauch in die Büchse leitete. Doch woher hatte er das Wasser? Es gab doch in unserem Ort noch keine Leitungen. Mit einem Eimer hatte er sich das kostbare Nass vom Fluss geholt, den Eimer auf ein Brett in einer Astgabel des Baumes platziert, den Schlauch hineingesteckt – und schon hatte er eine Dusche. Dazu organisierte er sich noch ein Paar Plastiksäcke und die Duschkabine unter freiem Himmel war fertig. So oft konnte ich nur staunen über die Einfälle der Leute.

Einmal war ich bei einer Familie in ihrer bescheidenen Hütte zu Besuch. Die Gastgeber hatten sich offenbar so über meinen Besuch gefreut, dass sie extra eine Ziege schlachteten. Die Hausfrau hatte sich ein besticktes Tuch umgebunden, auf dem stand: *Ein aufgewecktes Frauchen kommt nie in Verlegenheit.* Dass diese Beschreibung auf unsere Hausfrau zutraf, sollte ich bald erfahren. Sie nahm die „Schürze" und wischte Teller und Tassen aus, dann schneuzte sie sich damit die Nase und jagte anschließend damit die Hühner, Katzen und Hunde aus dem Raum. Dann kamen wieder Nase und Gesicht an die Reihe, und auch dem vorbeilaufenden Kind wurde noch schnell die Nase geputzt. Zum guten Schluss lag die Schürze als Tischdecke vor uns auf dem Tisch, auf dem das Ziegenfleisch inklusiv langer Haare schon zum Verzehren auf uns wartete. Nach dem Essen durften sich alle den Mund am „Tischtuch" abwischen. Ein dicker schwarzer, aber zuckersüßer Kaffee sollte anschließend für eine gute Verdauung sorgen.

Noch lange saßen wir auf einem Baumstamm, da es keine Stühle gab, und durch alles, was meine Gastgeber erzählten, bekam ich einen Einblick in die Gepflogenheiten des Volkes, dem ich dienen wollte. Es war ein sehr lehrreicher Abend, aber schließlich wollte ich aufbrechen, zumal es zu regnen begann. Wir schoben unseren Baumstamm auf dem Lehmfußboden mitten durch den Wohnraum hin und her, weil es von oben tröpfelte. Bei der Verabschiedung bemerkte ich Bretter, die an der Hüttenwand lehnten. Ich machte den Hausherren freundlich darauf aufmerksam und sagte: „Hier stehen doch noch ein paar Bretter, ob Sie die nicht benützen können, die Löcher im Dach zu schließen? Dann würde es nicht mehr tröpfeln." Er antwortete ebenso freundlich, legte mir die Hand auf die Schulter und sagte: „Weißt du, das tröpfelt nur, wenn es regnet. Sonst tröpfelt es bei uns nicht." Nun wusste ich es.

Gelegentlich bekam ich auch etwas von den Menschen geschenkt, das sie dann aus ihrer Hosentasche holten: ein Stück Katzenfleisch oder etwas vom selbst erlegten Gürteltier, ein Stück Wildschwein oder ein Hühnerbein, ein Stückchen selbstgebackenes Brot, einen gerösteten Maiskolben und dergleichen mehr. Sie wollten mich damit erfreuen, und ich habe diese Freude dankbar registriert, auch wenn ich manches weiterverschenkte, weil auch mir nur ein Magen zur Verfügung stand. Und wenn ich dann bei der nächsten Tropentauglichkeitsuntersuchung in Tübingen nicht den Bauch voller Würmer hatte, war das ein Grund, dem Herrn von Herzen zu danken.

Ungeziefer

Überhaupt – die Sache mit der brasilianischen Fauna …

Manchmal wurde ich gefragt: „Sag mal, hast du keine Angst vor Schlangen gehabt?"

Doch, ich hatte Angst vor Schlangen, doch die Begegnung mit ihnen hielt sich zum Glück in Grenzen. Durch den abgeholzten Wald verirrte sich wohl ab und an mal eine auf unser Grundstück und versetzte uns in Schrecken, aber es kam immer von irgendwoher Hilfe, wofür ich sehr dankbar war. Dagegen hatte ich immer wieder Patienten mit einem Schlangenbiss zu behandeln. Meistens waren sie aber nicht das erste Opfer der Schlange gewesen, sodass ich ihnen helfen konnte, denn im Allgemeinen ist die Giftdosis beim ersten Biss am höchsten. Auch Skorpionen und vielen Spinnen mussten wir zu Leibe rücken, aber wir durften dabei immer wieder Gottes wunderbare Bewahrung erleben.

An „Kleinvieh" hatten wir großen Reichtum: jede Menge Kakerlaken, braune, grüne, schwarze, kleine und große, mit und ohne Flügel. Ab und an war da eine Razzia notwendig. Auch die verschiedensten Ameisen, Stechmücken und Moskitos hielten uns Tag und Nacht auf Trab, insbesondere in den ganz heißen Monaten. Wer in dieser Zeit zu uns in den Gottesdienst kam, musste annehmen, er sei unter Geisteskranke geraten: Andauernd hörte man lautes Klatschen und die Leute fuchtelten scheinbar unkontrolliert um sich.

Vor den Ameisen konnten wir uns schier nicht retten. Mal waren es die Wanderameisen, die urplötzlich scharenweise auftauchten, aber auch ebenso schnell wieder verschwanden. Dann gab es noch die kleinen Zuckerameisen, die vor keiner Speise Halt machten und bis in den Kühlschrank vordrangen, von wo sie unbemerkt bis in unsere Mägen wanderten, wo sie allerdings problemlos verdaut wurden.

Eine andere Ameisenart sind die sogenannten Schlepper. Diese konnten in einer einzigen Nacht mucksmäuschenstill einen ganzen Blütenbaum abtragen. Ich machte Bekanntschaft mit ihnen, als ich mir einmal einen Blumenkohl aus der Stadt mitgebracht hatte. Ich wollte ihn mir am Sonntag traditionell nach deutscher Art zubereiten und freute mich schon die ganze Woche darauf. Doch wo war er hin? Er blieb spurlos verschwunden und nur ein paar Blättchen zeugten von seiner Existenz. Schade.

Zu unseren Haustieren gehörten auch die kleinen Frösche, die in jedem Raum lebten, aber ungefährlich waren. Es war nur unangenehm kalt, wenn sie einen plötzlich ansprangen. Wir fanden es nur etwas eigenartig, dass sie am Abend wieder an derselben Stelle saßen, von der wir sie am Morgen vertrieben hatten, sodass wir sie schließlich als Haustiere akzeptierten. Genauso verhielt es sich mit den kleinen Spinnen, die uns von manchen Insekten befreiten. Als Letztes darf ich nicht die Flöhe vergessen, die unsere ständigen Begleiter waren, insbesondere wenn Hunde in der Nähe waren.

Oft musste ich an das denken, was jene Missionarin mir damals von ihrem entsagungsvollen Dienst und all dem Ungeziefer erzählt hatte und dass ich dem Herrn Jesus damals zum ersten Mal ein Ja für solch einen Dienst gegeben hatte. Nun durfte ich selbst erleben, was die Liebe zu Jesus vermochte, und mein Ja zu seinem Weg gehörte weiter meinem Gott.

Unterricht

Obwohl es in Brasilien seit einigen Jahren die Schulpflicht gab, kam es doch immer wieder vor, dass die Eltern ihr Kind nicht zur Schule schickten, sondern zu Hause behielten. An Ausreden für solche „Drückeberger" fehlte es nie:

Die Leute hatten kein Geld für die Schuluniform oder der Weg war zu weit oder die größeren Kinder sollten auf die kleinen aufpassen oder mussten mit aufs Feld oder oder oder. Manchmal begründeten die Eltern das Fernbleiben ihrer Kinder mit der Behauptung: „Wir sind auch nicht zur Schule gegangen und sind nicht dumm geblieben." Ein anderes Mal behielten die Eltern ihre Kinder nach wenigen Monaten wieder zu Hause, mit der Begründung: „Sie können doch schon das Alphabet."

Dabei bot der Staat viele Vergünstigungen an: Schulbusse wurden eingesetzt, Schulmaterial wurde kostenlos verteilt und vieles mehr.

Doch was war mit den Hausaufgaben? Wer kontrollierte sie und wer ermutigte die Kinder zu lernen? Die Eltern konnten es nicht, sodass in der Folge viele Kinder das erste Schuljahr drei bis vier Mal wiederholen mussten. Andere sprangen einfach ab.

Um diese Entwicklung zu steuern, begannen wir Missionare mit dem Alphabetisierungsunterricht für Erwachsene. Das war keine leichte Aufgabe. Wer immer nur mit Hacke, Spaten und Buschmesser Umgang hatte und jetzt plötzlich einen Bleistift in der Hand halten und führen sollte, brauchte viel Geduld – genauso wie wir Lehrer. Wenn unsere Schüler dann das erste erkennbare „a" oder „o" zustande gebracht hatten und man die beiden auch noch voneinander unterscheiden konnte, war die Freude groß.

Überhaupt mussten wir über so manchen „Schüler" herzhaft schmunzeln. Zum Beispiel über Senor Ernesto. Obwohl wir Wert auf Sauberkeit und Ordnung legten, sah Senior Ernesto immer zum Fürchten aus, wie ein richtiger Struwwelpeter um den Kopf herum. Was war nur passiert, dass er jetzt so glatt gekämmt vor mir saß? Als ich ihn lobte, lachte er nur und sagte: „Nein, einen Kamm besitze ich nicht, ich hab gerade einen Sack Bohnen auf dem Kopf getragen, da haben sich meine Haare gelegt." Es war klar, dass Senior Ernesto bald einen Kamm geschenkt bekam.

Wir erteilten jedoch nicht nur Alphabetisierungsunterricht. Die Mädchen und Frauen erhielten zum Beispiel Unterricht im Nähen und Flicken. Auch hierbei mussten wir feststellen, dass viele von ihnen noch nie eine Nadel in der Hand gehabt hatten, sondern Risse in der Kleidung einfach mit einer Sicherheitsnadel zusammensteckten. Wurde das Wäschestück noch löchriger, wurde es weggeworfen. Einige Frauen wurden schnell sehr geschickt im Umgang mit der Nadel und nähten bald schöne Sachen. Die jungen Mädchen konnte ich sogar zum Sticken animieren.

Einige Male bot ich auch einen Zuschneidekursus an, den wir stets mit einer kurzen Andacht begannen. Einer Teilnehmerin verbot der Vater irgendwann die Teilnahme, da er sie von jedem christlichen Einfluss fernhalten wollte, und schickte sie zu seinen Angehörigen nach Sao Paulo. Jahre vergingen, in denen der Vater eine Entgiftungstherapie nach der anderen brauchte. Der Alkohol hatte seine Leber ruiniert und ich sollte ihn behandeln. Dabei kam es zu manch hilfreichem Gespräch, sodass er schließlich der Rückkehr seiner Tochter zustimmte und die Erlaubnis zur Teilnahme am Unterricht gab. So kam es, dass seine Tochter Maria nicht nur das Zuschneiden und Nähen lernte, sondern auch eine Entscheidung für Jesus Christus traf. Inzwischen ist sie verheiratet und zwei ihrer vier Kinder durfte ich mit auf die Welt holen. Ihr Mann hatte als Fischer nur einen kärglichen Verdienst, sodass Maria aufgrund ihrer Fertigkeiten einiges zum Unterhalt der Familie beitragen konnte. Schnell sprach es sich bei den Leuten herum, dass sie gut zuschneiden und nähen konnte, sodass sie sich nie über zu wenig Arbeit beklagen musste.

Ein andermal bat mich der Bürgermeister der Kreisstadt, einen Hygienekurs zu halten. Das war nun wieder etwas ganz Neues für mich. Zu meinen ersten Maßnahmen gehörte die Einführung von Deckeln für die Abfalleimer, um der Fliegenwelt den Kampf anzusagen. Allerdings hatte ich auch die weniger schöne Aufgabe, zu kontrollieren, ob diese Anordnung durchgeführt wurde. Weiterhin ließ ich Plumpsklos anlegen, die jedoch genügend Abstand zu den Trinkwasserbrunnen haben mussten – was ebenfalls kontrolliert werden musste. Dabei erlebten wir in einem Dorf etwas Drolliges: Ein Familienvater hatte einen bombenartigen Trichter gegraben. Aus ein paar Brettern errichtete er ein „Häuschen" und verkündete am nächsten Sonntag vor dem Gottesdienst: „Es ist bereits eingeweiht!" Nach vierzehn Tagen zog die neunköpfige Familie an einen anderen Ort, aber das Häuschen nahmen sie selbstverständlich auf einem Pferdewagen mit.

Andere benutzten das neu errichtete Plumpsklo, um ihren geernteten Mais darin zu stapeln. Was den eigentlichen Zweck des Klos betraf, so zogen sie es vor, weiter in Gottes freie Natur zu gehen. Genau das sollte jedoch unterbunden werden, um der Infektion durch Würmer vorzubeugen.

Im Hygieneunterricht wiesen wir die Leute auch darauf hin, dass Fingernägel regelmäßig kurz geschnitten werden mussten, da sich sonst Mikroben im Schmutz unter den Nägeln einnisten konnten. Das war allerdings ein Akt für sich! Die meisten Familien hatten keine Schere, höchstens ein Buschmesser. Es kam mehr als einmal vor, dass der Familienvater anlässlich meines Besuchs das große Messer zur Hand nahm, das Kind zwischen die Beine klemmte und ihm die Nägel schnitt. Ich sollte doch unbedingt sehen, dass er wirklich die Anordnung befolge. Meine Bewunderung galt jedoch dem Kind, das den Vater still und ergeben sein Werk verrichten ließ. Bald trug ich stets eine Nagelschere bei mir, um den Kindern bei Bedarf die Nägel schneiden zu können.

Jedenfalls beobachteten wir im Lauf der Jahre, dass das Motto auf der Landesfahne bis ins Landesinnere hinein immer mehr Gestalt annahm: *Ordem E Progresso – Ordnung und Fortschritt.*

Hilfe zur Selbsthilfe

In unserer Gemeinde waren einige Brüder, die als Fischer arbeiteten. Sie waren auf einen guten Fang angewiesen, damit sie ihren Lebensunterhalt und den ihrer großen Familien bestreiten konnten. Manchmal waren sie erfolgreich und konnten ihre Außenstände im Tante-Emma-Laden begleichen, ein andermal sah es schlecht aus und die unbezahlten Rechnungen wurden mehr und mehr. Wir versuchten ihnen zu helfen, so gut wir konnten, aber die Gelder, die wir dann und wann für solche Zwecke anvertraut bekamen, wollten nie reichen.

Eines Tages sagte unser damaliger Bürgermeister zu mir: „Missionarin, gebt den Leuten nicht nur Fische, sondern lehrt sie Fischen." Mit anderen Worten: Praktiziert Hilfe zur Selbsthilfe! Das wollten wir natürlich gerne tun, aber es war in der Tat unheimlich schwer und erforderte viel Geduld. Dennoch fanden wir eine Möglichkeit.

Wir hatten zu dieser Zeit große Kleiderspenden aus verschiedenen Ländern bekommen, die wir kostenlos an das arme Volk verteilten. Bald aber stellten wir fest, dass dies keine gute Vorgehensweise war, da sie zu Neid und Streit in der

Gemeinde führte. So hatte eine Frau ein Kleid mit Spitze bekommen, bei der anderen aber fehlte die Spitze. Einer wollte einen roten Pullover und hatte einen blauen bekommen. Eine andere hatte für jedes Kind ein Kleidchen bekommen, was sie ihrer Meinung nach nicht brauchte, sie wollte lieber ein Ferkel haben, das sie großziehen konnte. Wieder ein anderer setzte seine Geschenke in Alkohol um. Was sollten wir tun?

Zunächst begriffen wir, dass die Bedürfnisse und Geschmacksvorstellungen der Brasilianer andere waren als die unseren, da wir in einer vollkommen anderen Kultur aufgewachsen waren.

Deshalb begannen wir, in Absprache mit den Spendern Kleiderbasare einzurichten, auf denen wir geschenkte Sachen für einen kleinen Betrag abgaben. Wie erstaunt waren wir, als wir die Wandlung der Leute wahrnahmen. Sie kamen und kauften nur das, was sie brauchten und was ihnen gefiel, und dafür begannen sie sogar zu arbeiten. Und welche Farbenvorstellungen sie hatten! Grün, Blau, Schwarz und Rosa, egal ob lang oder kurz, alles passte zusammen. Unser Basar bot auch manche Gelegenheit zu schmunzeln. Einmal sah ich eine Frau im Gottesdienst sitzen, die mein Nachthemd anhatte. Was ich abgelegt hatte, wurde für sie zum Sonntagskleid. In einem anderen Paket war ein rosarotes Bettjäckchen mit weiten Ärmeln, das ich zuerst gar nicht anbieten wollte. Doch ich lag vollkommen falsch mit meiner Meinung, da dieses Jäckchen das Erste war, was verkauft wurde.

Am Tag des Basars kamen die Menschen von nah und fern, auch solche, die für ihre Tagelöhner einkaufen wollten. Mit dem eingenommenen Geld bestritten wir zunächst die Unkosten, da das Auslösen der Pakete teuer bezahlt werden musste. Wenn noch etwas übrig blieb, waren wir froh, mit dem Geld die Löcher im Bereich der Kirchenarbeit stopfen zu können. Unser Gemeinderaum war für die sonntäglichen Besucher längst zu klein geworden. Manchmal standen die Leute sogar vor dem Fenster, um der Botschaft des Evangeliums lauschen zu können. So verwendeten wir die Erlöse, um Material für einen neuen Kirchenbau zu kaufen.

Auch auf einem anderen Gebiet lernten wir, wie wichtig Hilfe zur Selbsthilfe war. Wir hatten uns auf unserem Grundstück einen Gemüsegarten angelegt, da es in unserer Gegend Gemüse so gut wie nicht zu kaufen gab. Unsere Nachbarn standen interessiert am Gartenzaun und beobachteten uns bei unserer Gartenarbeit. Als schließlich die ersten Salatpflänzchen zu sehen waren, wollten sie auch welche haben. Natürlich gaben wir ihnen gerne welche, doch schon kurz darauf kamen sie wieder, weil ihre Hühner die zarten Pflänzchen ruckzuck verspeist hatten. Auch die nächsten fraß das Federvieh. Schließlich begriffen sie, dass sie ihr Beet einzäunen und abdecken mussten, um eines Tages in den Genuss ihres selbst gepflanzten Salates zu kommen. Damals war unser Gemüsegarten der einzige in der Gegend, heute kann man die vielen kleinen neu entstandenen Gärten nicht mehr zählen. Hilfe zur Selbsthilfe.

Viele Bibeltexte nahmen für mich erst in meiner Zeit in Brasilien Gestalt an, so auch im Fall des praktischen Anschauungsunterrichtes. Dabei wurde mir der Text in Apostelgeschichte 6, in dem von der Wahl der sieben Diakone erzählt wird, wichtig. Von diesen Diakonen wird berichtet, dass sie unter anderem voll Heiligen Geistes und Weisheit sein mussten. Es ist wahr: Um armen Menschen richtig zu helfen, braucht man viel Weisheit. Doch ich war nicht nur Gebende, sondern auch Empfangende, denn die Menschen in Brasilien beschenkten und bereicherten mein Leben.

„Mit Jesus kann ich nichts anfangen"

Das sagte mir ein freundlicher, betagter Mann bei einem Hausbesuch. Ich kannte ihn schon viele Jahre und war öfters bei ihm und seiner lieben Frau zu Besuch gewesen. Er hörte mir immer sehr interessiert zu, wenn ich aus meinem Leben und von mancher Glaubenserfahrung in meinem Dienst erzählte. Doch dann kam immer der Satz: „Mit Jesus kann ich nichts anfangen", und das Gespräch war beendet. Wenn ich an ihn erinnert wurde, betete ich für ihn, aber es veränderte sich nichts.

Mit seiner Frau, die fest im Glauben an Jesus stand, pflegte ich weiter die Verbindung. Ihr war es ein Herzensanliegen, dass ihr Mann mit ihr den Weg des Glaubens gehen möchte, und so betete, glaubte, hoffte und wartete sie treu jahrelang.

Inzwischen hatte ich meinen aktiven Dienst auf dem Missionsfeld beendet. Bei Besuchsreisen nach Brasilien durfte ich es aber immer wieder erleben, dass Jesus weiter an den Menschenherzen arbeitete. Er bleibt ein Meister im Anknüpfen, auch wenn es mitunter erscheint, als seien ihm die Fäden aus der Hand geglitten.

So kam es, dass ich bei einem Hausbesuch wieder mit dem Mann, der inzwischen 90 Jahre alt war, ins Gespräch kam und er mich bat, doch wieder aus meinem Leben zu erzählen.

Und wieder kam nach einiger Zeit der Satz: „Mit Jesus kann ich nichts anfangen", doch dann hielt er plötzlich inne, und nach einer Weile fuhr er fort:

„Wissen Sie, beim Rückblick auf mein Leben stehen manche Tage vor mir, die möchte ich am liebsten vergessen. Ich möchte sie ausstreichen, aber sie tauchen immer wieder auf."

Jetzt war der Augenblick gekommen, in dem ich ihm ganz klar sagen konnte: „Sehen Sie, und genau dafür ist Jesus da. Er ist für unsere Schuld gestorben, hat die Strafe, die wir verdient hätten, auf sich genommen und uns den Weg zum Vaterherzen Gottes freigemacht. Er sagt in seinem Wort: *Ich bin der Weg und die Wahrheit und das Leben; niemand kommt zum Vater denn durch mich.*"

„Meinen Sie? Ich werde darüber nachdenken", war seine Antwort.

Wenige Tage später rief mich seine Frau an: „Schwester Ilse, ich muss Ihnen die große Freude mitteilen, dass mein lieber Mann ganz klar und bewusst Jesus in sein Leben aufgenommen hat. Er hat Vergebung seiner Schuld empfangen und möchte, dass ich ihm aus der Bibel vorlese."

Immer wieder hat er seiner Frau mit Bedauern gesagt: „Warum habe ich erst so spät erkannt, dass ich Jesus und seine Vergebung für mein Leben brauche? Ich kann nur immer wieder dafür danken, dass ich durch Jesus erlöst bin."

Gott schenkte ihnen noch zwei gemeinsame Jahre: Jahre geteilten Lebens und geteilter Nachfolge.

Ich suche eine Parklücke

Ich suche eine Parklücke, und das immer wieder! Manchmal braucht es lange, bis ich eine finde, aber meistens klappt es. Eigentlich habe ich schon lange nach Parklücken gesucht, bevor ich selber einen Wagen fuhr. Das klingt mysteriös, ist aber wahr, denn ich meine nicht die Parklücken im Straßenverkehr, sondern die Parklücken im Gespräch mit anderen Menschen, die raren Zeitfenster, in denen sie Raum geben für eine tiefergehende Botschaft. Es geht mir darum, meine Gesprächspartner auf irgendeine Weise zu einer Beziehung mit Jesus Christus zu führen.

Nicht immer erkannte ich die angebotene Parklücke oder nutzte sie. Manchmal verschlief ich sie auch oder hatte kein Evangeliumsblatt bei mir oder ich hatte keine Lust und war einfach zu faul. Das tat mir hernach leid. Doch ich möchte an einigen Beispielen deutlich machen, dass es sich lohnt, eine „Parklücke" zu suchen.

Ich war in Rio de Janeiro auf dem Flughafen und wartete mit vielen Passagieren darauf, dass die Nummer unseres Flugzeuges aufgerufen wurde. Unsere Papiere waren schon kontrolliert, da wurde ich noch einmal an den Schalter gerufen.

Ich sollte einen anderen Platz einnehmen. Warum wohl? Ich hatte doch schon einen guten Fensterplatz! Als unser Flug schließlich aufgerufen wurde, führte mich eine freundliche Stewardess als Erste in das Flugzeug, und zwar in die Business-Class. Dort konnte ich in einem großen Sessel Platz nehmen. Ob das ein Versehen war? Ich war doch keine Geschäftsreisende! Nun, den Grund erfuhr ich nie. So nahm ich es als Privileg meines Gottes dankbar an. Wie vornehm war hier alles eingerichtet. Bald kam ein Herr, der sich als Manager einer großen Erdölfirma vorstellte und den Platz neben mir einnahm. Lange Zeit wechselten wir kein Wort miteinander. Die Stewardess kam und wir wurden nach diesem und jenem gefragt. Es war klar, dass ich ihre Fragen in Portugiesisch beantwortete, während mein Nachbar in Englisch mit ihr sprach.

Plötzlich fragte er mich, wo ich meine portugiesischen Sprachkenntnisse erworben hätte. War das jetzt die Parklücke, auf die ich schon betend gewartet hatte? Ich sagte ihm, dass ich schon viele Jahre als Missionarin in Brasilien arbeitete. Damit war das Eis gebrochen, ich konnte ohne Vorbehalt meinen Glauben an Jesus bekennen und von manchen Erlebnissen mit Gott berichten. Er sagte, dass er überzeugter Atheist sei, aber ich solle bitte weitererzählen. Jetzt sah er sich mit einer neuen Welt konfrontiert, die er mit Interesse wahrnahm. Mitternacht war schon längst vorbei und wir beide verspürten noch keine Müdigkeit. „Bitte, Schwester, erzählen Sie weiter", bat er. Mit einem Mal wusste auch er von manch einem Erleben zu berichten, das deutlich den Stempel der Barmherzigkeit Gottes trug und ihn zum Nachdenken brachte. Gerne nahm er darum die Evangeliumsschriften an, die ich ihm anbot. Er bedankte sich sehr für das Gespräch und wir verabschiedeten uns nach der Ankunft in Frankfurt als gute Bekannte.

Parklücken findet man aber auch in anderen Verkehrsmitteln.

Es war noch Zeit bis zur Abfahrt meines Zuges. Da gesellte sich eine Dame zu mir und es ergab sich ein Gespräch. Sie war einfach gekleidet und schien doch etwas Besonderes zu sein. Mir ging die Frage durch den Kopf, zu welcher Berufsklasse sie wohl gehören mochte. Wie verblüfft war ich, als ich herausfand, dass ich es mit einer Bauchtänzerin zu tun hatte, ja, ich hatte gar nicht gewusst, dass es diese Berufssparte gab! Im Urwald Brasiliens war mir jedenfalls noch keine begegnet …

Aber umgekehrt schien es genauso zu sein. Ich kam ihr als Diakonisse wie ein Weltwunder vor. Sie erzählte mir begeistert von dem Glück, das sie jedes Mal bei den Vorführungen empfand. Es sei so, als tauche sie dann in eine andere Welt ein. Wie sollte ich nun darauf reagieren? War das meine Parklücke? Nüchtern bekannte ich meinen Glauben und gab ihr einige Traktate zu lesen. Damit war das Gespräch für eine kurze Zeit abgebrochen. Wir mussten umsteigen, fuhren aber mit dem gleichen Zug weiter. Sie hatte eine Platzkarte, ich nicht. Als ich mich von ihr verabschieden wollte, sagte sie: „Ich lasse die Platzkarte sausen. Wenn Sie es erlauben, komme ich zu Ihnen ins Abteil. Ich muss mehr von Ihrem Glauben wissen." Nun stellte sich heraus, dass mein Gegenüber eine große Leere in ihrem Herzen empfand, die sie schon oft an den Rand der Verzweiflung gebracht hatte. Ich konnte sie auf Jesus hinweisen, der unser Leben durch seine Erlösung mit Ewigkeitswerten beschenkt und unser Herz mit Freude füllen kann, die nicht von momentanen Glücksgefühlen abhängig ist. Da gibt es keine Leere mehr, die uns in die Verzweiflung treibt und unser Leben sinnlos erscheinen lässt.

Die Stunden vergingen wie im Flug und ich musste mich verabschieden. Meine Gesprächspartnerin bedankte sich sehr für das Gespräch. Möge es zu einem Mosaiksteinchen auf ihrem Lebensweg werden, das Gott gebraucht, um ihr Leben sinnerfüllt zu gestalten!

Meine Traumstation

Nachdem ich meinen Vertretungsdienst am Rio das Cobras unter den Indianern beendet hatte, sollte ich zusammen mit dem Missionsehepaar Martin und Dorothea Kahl noch einmal eine Pionierstation weit im Inneren des Landes aufbauen. Ich freute mich sehr darauf, schließlich konnte ich meine zwanzigjährige Erfahrung noch einmal richtig einbringen und ich war nicht allein auf weiter Flur. Wir hatten eine segensreiche und schöne Zeit und die gute Atmosphäre in unserer Zusammenarbeit spürten auch die Menschen, denen wir dienten, sodass diese sich oft fragten, in welcher verwandtschaftlichen Beziehung wir wohl zueinander stünden. So kam es zu manch drolligen Annahmen: „Das muss die Mutter von Herrn Kahl sein, oder nein, sie ist seine Schwester!" Eine Frau wollte hinter vorgehaltener Hand wissen, ob Frau Kahl nicht meine Schwägerin sei, sie würde es auch keinem Menschen weitersagen. Solche und ähnliche Aussagen gaben uns viel Anlass zum Schmunzeln und würzten unseren Alltag.

Bei den Besorgungen für die Einrichtung meines neuen Arbeitsplatzes erlebten wir viele Wunder Gottes. Während ich die Frauen 20 Jahre lang in primitiven, unhygienischen Verhältnissen hatte entbinden müssen, wurde mir nun eine Station mit allem Komfort anvertraut. Manchmal schien es mir, als würde ich träumen: Nun hatte ich einen kleinen Kreißsaal, eine Apotheke und ein Behandlungszimmer. Ungefähr ein halbes Jahr nach Einweihung der Station bekamen wir auch noch Strom, sodass bei den Geburten immer für genügend Licht gesorgt war (außer die Stromversorgung war gerade durch irgendeinen Defekt unterbrochen).

Zusätzlich versorgten mich meine Schwestern aus den Krankenhäusern in Frankfurt, Oberhausen, Hemer, Berlin und anderen Orten laufend mit Säuglingswäsche, Desinfektionsmittel, Bettwäsche, Säuglingswaage, Geburtsmaterial, Handschuhen, Spritzen, Seifenspendern, Ärztemustern und vielem mehr. Sie sahen meine Station als eine Art Außenstation ihres Krankenhauses an, und ich bin immer noch von Herzen dankbar für den guten Kontakt und die treue Unterstützung.

Auch meine Schwestern aus der DDR waren sehr erfinderisch und erfreuten mich mit manchen nützlichen Dingen. Sie nutzten die auf gewisse Zeit begrenzte Möglichkeit der 1-Kilo-Päckchen voll und ganz aus. Da kamen aus einem Päckchen zum Beispiel zwei Puppenarme, aus dem anderen die Beine oder der Kopf hervor. Alles kam gut an und bot viel Anlass zur Freude – sowohl mir als auch anderen. Einmal kam ich zur Post und hörte schon von Weitem einige Wecker klingeln. Da wusste ich: Das galt mir! Der freundliche Postbote brachte mir das Päckchen gleich schmunzelnd entgegen. Manchmal bekam ich auch guten Samen aus Deutschland geschickt und mehrere Male sogar einen echten Dresdner Weihnachtsstollen. Der wurde natürlich mit den Nachbarn geteilt.

Diese Station war also eine, „meine Traumstation". Die letzten 16 Jahre meines Missionsdienstes in Brasilien durfte ich hier meinen Dienst verrichten. Während all dieser Jahre habe ich die Treue Gottes, seine Bewahrung und wunderbare Hilfe ganz konkret erfahren. Von all den Frauen, denen ich in den Jahren meines Missionsdienstes in der Stunde der Geburt half, starb nicht eine einzige unter meinen Händen. Welch ein Grund zur tiefsten Dankbarkeit meinem Gott gegenüber! Und dass ich von meinen Schwestern und Glaubensgeschwistern in Deutschland so treu umbetet worden bin, bleibt mir für immer fest ins dankbare Herz geschrieben. Nun konnte ich meine Traumstation dankbar in Gottes Hände zurücklegen, denn auch auf diesen Moment bereitete er mich wunderbar vor.

Vor meiner Ausreise 1955 nach Brasilien hatte ich in der DDR gelebt. Damals schien es unmöglich zu sein, je eine legale Ausreise aus der DDR zu bekommen, doch Gott schenkte es auf wunderbare Weise. Darüber waren 40 Jahre vergangen. In diesen 40 Jahren konnte ich während meiner Heimataufenthalte immer für eine kurze befristete Zeit einen Besuch bei meinen Angehörigen und Schwestern machen, der allerdings streng kontrolliert wurde. In meinem „Vize"-Mutterhaus in Velbert fand ich immer freundliche Aufnahme, für die ich sehr dankbar war. Doch würde sich je ein Weg abzeichnen, dass ich einmal den Ruhestand in meinem Mutterhaus in Elbingerode würde verbringen können? Es erschien unmöglich, ebenso unmöglich, wie meine Ausreise nach Brasilien vor 40 Jahren erschienen war. Damals hatte der derzeitige Staatschef verkündigt, dass die Mauer, die Ost- und Westdeutschland voneinander trenne, noch 100 Jahre bestehen bliebe.

Ich verließ mich auf Gottes Wort. Vor meiner Ausreise hatte ich unter anderem ein Wort aus 1. Mose 28,15 mit auf den Weg bekommen: *„Siehe, ich bin mit dir und will dich behüten, wo du hinziehst, und will dich wieder herbringen in dies Land. Denn ich will dich nicht verlassen, bis ich alles tue, was ich dir zugesagt habe."*

Gottes Wort ist zuverlässig. Er erfüllt sein Wort

nicht nur halb. Das durfte ich bereits unzählige Male erfahren und daran hielt ich weiter im Glauben fest. Dennoch konnte ich es nicht fassen, als es 1989 tatsächlich Wirklichkeit wurde! Die Tatsache, dass ich 1993 nun wieder in mein Mutterhaus zurückkehren konnte, machte mir den Abschied und das Loslassen meiner Traumstation leicht. *Es ging ja nach Hause.*

Knotenpunkte oder was der Bambus mich lehrte

Die Missionsstation, auf der ich die letzten 16 Jahren meiner Dienstzeit in Brasilien arbeitete, lag nah am großen Paranafluss. An seinem Ufer standen unzählige Bambusstauden, die mir eine Predigt hielten, denn sie waren mir ein unvergessliches Beispiel für mein Leben und für gesundes Wachstum.

1. Der Bambus wächst in einer wasserreichen Gegend. Oft findet man ihn an Flussufern.
2. Der Bambus liebt die Gemeinschaft, er ist eine Familienpflanze. Man sieht kaum einen Bambusstamm allein stehen. Auch wir brauchen uns einander.
3. Der Bambus strebt nach dem Licht. Gesundes Wachstum strebt immer dem Licht entgegen.
4. Sein Dung sind abgefallene Äste, faule Blätter, vergammelte Wurzeln und dergleichen mehr.
Über diesen 4. Punkt dachte ich viel nach und fragte mich selbst: Was mache ich mit den vielen bösen Worten, die mitunter täglich an meine Ohren dringen? Wie gehe ich mit Neid, Eifer-

sucht oder Missgunst anderer oder der aus meinem eigenen Herzen um? Diese Dinge können mir zum Dung werden und somit zum Wachstum verhelfen, wenn ich sie im Gebet dem Herrn Jesus bringe, anstatt sie anderen vor die Füße zu werfen.

5. Das Besondere am Bambus sind seine Wachstumsknoten. Bei einem Wachstumsknoten verdichtet sich der Wachstumsprozess und es erfolgt verstärktes Wachstum. Die Abstände von Knoten zu Knoten sind nicht immer gleich, und auch die Zahl der Knoten ist von Stamm zu Stamm unterschiedlich. Ein ähnliches Verhalten kann man auf einem Kornfeld feststellen. Auch dort gibt es Wachstumsknoten, die das Stehvermögen der Ähren stabilisieren, damit die Frucht getragen werden kann.

Wir befinden uns alle in einem Wachstumsprozess, das Alter spielt keine Rolle. Jeder, egal ob jung oder alt, krank oder gesund, ist auf Wachstum angelegt. Dabei geht es jedoch nicht um die Gewichtszunahme oder um Körpergröße, sondern um unser geistliches Wachstum.

Hierfür wurde mir das Leben Josephs (1. Mose 37-50) zu einem praktischen Beispiel. Er nannte seinen ersten Sohn Manasse, das heißt „Gott hat mich vergessen lassen". Sein zweiter Sohn wurde

Ephraim genannt, was bedeutet „Gott hat mich wachsen lassen im Lande meines Elends".

In jungen Jahren hatte Joseph viel Zank und Streit im Geschwisterkreis erfahren müssen, bis dahin, dass er von seinen Brüdern in eine Zisterne geworfen und als Sklave verkauft wurde. In Ägypten kam er auch noch unschuldigerweise ins Gefängnis und musste viel Leid ertragen. Und doch war Gott mit Joseph und schenkte zu all seinem Tun das Gelingen. Nach seiner Freilassung erhielt Joseph sogar einen Ehrenplatz am Hof des Pharaos. Seine Vergangenheit war nicht ausgelöscht, aber aufgearbeitet. Die Vergebung hatte in seinem Herzen triumphiert. Nach 20 Jahren kam es zu der Begegnung mit seinen Brüdern. In Kapitel 50, Vers 20, kann man die ergreifenden Worte Josephs an seine Brüder nachlesen: *„Fürchtet euch nicht! Ihr gedachtet es böse mit mir zu machen, aber Gott gedachte es gut zu machen."* Joseph hatte von Herzen Vergebung gewährt, sodass er auch von Herzen vergessen und Gott ihn im Lande seines Elends wachsen lassen konnte.

Das Beispiel von Joseph zeigt uns, dass wir an allem wachsen können. Ich kann Gott nur von Herzen für jeden Wachstumsknoten danken, den er in mein Leben hineingeordnet hat: für jede Glaubenskrise, für jede Wegführung, für alle erfahrene und gewährte Vergebung, die in echte Versöhnung mündete. Alle diese Erfahrungen waren für mein Wachstum notwendig, alle diese Dinge gehören zu meinem inneren Reifeprozess. Und solch ein Prozess braucht seine Zeit! Man kann ihn nicht abkürzen, es gibt keine Schleichwege, und viele Lektionen lernt man nicht einmal für immer, sondern man muss sie oft wiederholen. Dazu gehört zum Beispiel auch die tägliche Vergebung, sowohl die empfangene als auch die gewährte, damit gesundes Wachstum entstehen kann und unser Herz von bitteren Wurzeln entgiftet wird.

Dann können sich Wachstumsknoten verdichten und neues Wachstum kann entstehen, damit wir gute Frucht bringen und reif werden für die Ewigkeit.

Glaubensstärkung pur

Albert Schweitzer soll einmal gesagt haben, dass jemand, der an einem einsamen Platz lebe, viele Selbstgespräche mit seiner Seele führen müsse. Das kann ich nur dick unterstreichen.

Einsamkeit – oh wie sehr litt ich manchmal unter ihr. Oft war ich zwar von vielen Menschen umgeben und dennoch einsam. Mir fehlte das „Du", ein Gegenüber zum Austausch und Gespräch, jemand, der sich mit ähnlichen Dingen wie ich auseinandersetzte.

In den Psalmen entdeckte ich schließlich solche Selbstgespräche mit der Seele, die mir zu einer großen Hilfe wurden. David hatte in ihnen seine Seele ermuntert und zu ihr gesprochen: *„Lobe den Herrn, meine Seele, und was in mir ist, seinen heiligen Namen! Lobe den Herrn, meine Seele, und vergiss nicht, was er dir Gutes getan hat."* (Psalm 103,1f.); *„Was betrübst du dich, meine Seele, und bist so unruhig in mir?"* (Psalm 42,6); *„Sei nun wieder zufrieden, meine Seele; denn der Herr tut dir Gutes."* (Psalm 116,7); und *„Sei nur stille zu Gott, meine Seele."* (Psalm 62,6).

Alle diese Gebetsworte, die aus dem Herzen des Königs David stammten, machte ich zu meinen

Worten und ich durfte erleben, wie sie mein Herz leichter machten. Ich grub mich regelrecht in Gottes Wort hinein und entdeckte dabei immer mehr Reichtum und Trost für meine Seele, sodass ich dadurch auch wieder zum Segen für andere werden durfte.

Gott wusste mein Herz auch noch auf eine andere Weise zu erreichen – nämlich durch die Sendungen des Evangeliumsrundfunks. Damals waren es zunächst die Sendungen aus Quito in Ecuador, später strahlte Trans World Radio über Mittel- und Kurzwelle aus. So konnte ich morgens und abends Gottes Wort in deutscher und portugiesischer Sprache hören. Das war Balsam und Nahrung für meine ausgetrocknete Seele! Denn es ist wahr: Wer viel ausgibt, muss auch viel einnehmen. Schon am frühen Morgen um 4.00 Uhr gab es die ersten Beiträge und viele Brasilianer in meinem Umfeld schalteten ihre Apparate ein, die sie extra dafür angeschafft hatten. Oft baten sie mich, ihnen ein Radio zu besorgen, das Geld dafür hatten sie sich während der Baumwollernte zusammengespart. Bevor ich in die Stadt fuhr, schärften sie mir noch einmal ein, dass es ein Radio mit Kurzwellenempfang sein müsse. Dann hatten sie, bevor sie am Morgen mit Hacke und Spaten auf das Feld gingen, schon Nahrung für ihre Seele durch den ERF bekommen. In den

Ruhepausen auf dem Feld erzählten sie den Kollegen vom Gehörten, und wenn sie abends nach Hause kamen, wurde ich gleich gefragt: „Haben Sie heute auch das Evangelium über Trans World Radio gehört?" Das Erlebnis, dass auf diese Weise kostbares Saatgut in unser aller Herz kam, war mir eine große Freude.

Die Zeit bleibt nicht stehen

Insbesondere auf meiner letzten Missionsstation am Paranafluss änderten sich auf rasante Weise viele Dinge.

Der Strom hat fast 300 Inseln, die zum Teil dicht bevölkert waren. Auf einem Missionsboot legten Missionar Kahl und ein Team jeden Monat eine Strecke von ca. 150 Kilometern zurück, um die Menschen auf den Inseln mit Gottes Wort, Lebensmitteln, Kleidungsstücken und Medikamenten zu versorgen. Einige Male konnte ich bei diesem anstrengenden aber lohnenden Dienst dabei sein. Das Team geriet nicht selten in lebensbedrohliche Unwetter, die meist mit hohem Wellengang verbunden waren. Nie hätte ich vorher gedacht, dass ein Fluss solche Wellen schlagen könnte. Jedes Jahr gab es deshalb große Überschwemmungen und alle Inselbewohner mussten auf das Festland evakuiert werden. Wenn das Wasser wieder gesunken war, kehrten sie in ihre alten, dürftigen Behausungen zurück, sofern diese noch vorhanden waren. Andere blieben gleich auf dem Festland. Angesichts der wiederkehrenden Überschwemmungskatastrophen beschloss der Staat schließlich, dass die Inseln geräumt werden sollten. Jedem Inselbewohner wurde ein Stück Land auf dem Festland angeboten, doch vielen fiel das Loslassen von Grund und Boden sehr schwer, sodass sie blieben so lange es irgend ging. Auch für uns war das damit einhergehende Ende der Flussmission ein großer Einschnitt, hatten wir diese Arbeit doch nur einige Jahre verrichten können.

Schon bevor der Bau der Missionsstation begann, war bekannt, dass es dort in Bälde Strom geben sollte. Da und dort lagen bereits Lichtmasten an den Straßenrändern, sodass wir beim Bau der Station gleich Leitungen legen ließen. Ein halbes Jahr später wurde der Traum vom Strom dann Wirklichkeit. Fast 20 Jahre hatte ich die Frauen in ihren primitiven Hütten entbunden: bei Kerzenlicht, unter einer kleinen Petroleumfunzel oder im spärlichen Schein meiner Taschenlampe. Nun hatten wir endlich elektrisches Licht – ein großes Ereignis für alle Bewohner im Ort!

Nicht alle ließen sich jedoch eine Leitung in ihr Holzhaus legen, denn der Strom musste ja auch bezahlt werden. Stattdessen saßen die Leute am Abend mit einem Hocker oder Bänkchen unter der Straßenlaterne und erzählten sich gegenseitig das Neueste vom Tage.

Wir waren froh, dass wir zunächst in jedem Zimmer eine Glühbirne an der Decke hatten.

Die zugehörigen Lampen erstanden wir nach und nach vom Wirtschaftsgeld. Neben den Lampen gehörten nun auch ein Kühlschrank und eine Waschmaschine zu unserem Mobiliar. Der vorherige Kühlschrank war mit Petroleum betrieben worden. In der Hoffnung auf eine gute Baumwoll- und Kaffeeernte gönnten sich auch andere den Luxus eines Kühlschranks. Bald konnte man auch Leute mit Fernsehgeräten unterm Arm durchs Dorf laufen sehen. Sie holten sich die Welt in ihre Hütte, und das sollten nun auch die Nachbarn hören. So wurde unser Fischerdorf immer moderner und immer mehr Kultur hielt Einzug in unserem kleinen Ort.

Auf fast allen Stationen im Inneren des Landes war ich mit dem Thema Wassernot konfrontiert. Einmal waren die Brunnen verstopft und sie mussten tiefer gegraben werden, ein andermal waren die Regentonnen fast vollkommen leer. Das war ein großes Problem, da wir für die Krankenbehandlungen und Geburten dringend Wasser benötigten. Oft mussten die Leute das kostbare Nass von weither aus einem Fluss oder einer Quelle holen. Dort erledigten sie auch das Wäschewaschen. Zum Trocknen legten sie die Wäsche auf Baumblätter oder hingen sie über einen Stacheldraht. Von meiner Leine und den dazugehörigen Klammern waren sie so begeistert, dass sie Ähnliches beim nächsten Basar erstanden.

Unser Fluss war überhaupt ein „Mehrzweckfluss". Die einen holten sich daraus ihr Trinkwasser, einige Meter weiter wusch ein anderer die Wäsche oder putzte Fische. Erwachsene, Kinder und Hunde nahmen darin ein Bad, andere brachten ihr Geschirr zum Abwaschen mit oder benutzten den Fluss als Toilette. Manchmal wurde auch altes Gerümpel hineingeworfen oder man benutzte ihn als Grab für verendetes Vieh. Nur gut, dass es kein stehendes Gewässer war!

Doch für all das wurde Abhilfe geschaffen, als eines Tages Gräben für eine Wasserleitung ausgehoben wurden. Weiterhin wurde ein Tiefbrunnen gebohrt, der den Ort mit Wasser versorgte. Schließlich bekamen wir sogar Wasser von einem Reservoir aus der Stadt.

Gegen Ende meiner „Amtszeit" richtete der Staat eine „Erste-Hilfe-Station" ein, in welcher einmal wöchentlich ein Arzt Patienten behandelte.

So gab es in den letzten Jahren viele radikale Veränderungen auf zahlreichen Gebieten. Für uns ein Grund, Gott zu danken, hatten wir doch immer wieder erlebt, dass er alles genau zur richtigen Zeit tat.

Wer ist Ednei?

Es war ein warmer Tag in Elbingerode und ich hatte Geburtstag. Schon früh am Morgen erfreuten mich Anrufe von nah und fern. Ich war dankbar für alle lieben Grüße, die mein Herz erreichten, ob mündlich, schriftlich oder durch Telefonate, und ich habe mich von Herzen an dem bunten Blumenstrauß der vielen Gottesworte gefreut. Am Abend wollte ich mich zur Ruhe begeben, als noch einmal das Telefon klingelte. Wer mochte das wohl sein? Es war doch schon bald Mitternacht!

Am anderen Ende meldete sich Ednei aus Porto Brasilio. Mein erster Gedanke war: Ist etwas passiert, wer mag gestorben sein? Doch dann kam schnell die Erklärung.

„Wissen Sie, warum ich anrufe? Weil Sie heute Geburtstag haben!"

Na klar, der Anruf kam ja aus einer anderen Welt, wo es noch Tag war und niemand an schlafen dachte. Brasilien hat ja fünf Stunden Zeitunterschied zu Deutschland, da war es gerade mal 18.00 Uhr und bei uns ging es schon auf Mitternacht zu. Alle Müdigkeit war wie weggeblasen und ich war ganz Ohr für die Stimme am anderen Ende, die neben den Glückwünschen auch noch eine Flut von Informationen enthielt. Dabei merkte ich, dass mein Herz doch noch sehr mit ihnen allen verbunden war.

Doch wer ist eigentlich Ednei? Wenn er mir schreibt, dann unterschreibt er seinen Brief immer mit: „Viele Grüße von Ihrem geistlichen Sohn Ednei." Ja, er gehört zu meinen geistlichen Kindern, die durch meinen Dienst gesegnet wurden und eine persönliche Entscheidung für Jesus getroffen hatten.

Sehr genau erinnere ich mich noch an jenen Tag, als Ednei mit Tränen in den Augen vor der Tür meines Ambulatoriums stand und zaghaft fragte, ob ich Zeit für ihn hätte. Ja, die hatte ich, dachte aber, er habe sich verletzt, vielleicht durch ein Tier auf der Weide, wo er täglich Umgang mit Kühen hatte, und die waren nicht immer zahm. Auch mit den Pferden wusste er geschickt umzugehen. Man sah ihn oft mit seinem Vater oder auch allein „hoch zu Ross". Er zählte zu den Kindern, die jeden Sonntag in der Sonntagschule waren und aufmerksam das Wort Gottes aufnahmen. Bald würde er den Jugendkreis besuchen, alt genug war er.

Doch was mochte er jetzt auf dem Herzen haben? Stotternd kam es über seine Lippen: „Ich will Jesus in mein Herz aufnehmen, helfen Sie mir dabei?"

Gerne war ich dafür bereit. Er war nicht der Erste, der mit dieser Bitte in mein Ambulatorium kam. So wurde der Raum, der für viele Hilfesuchende eine Anlaufstelle war, zu einer geistlichen Geburtsstätte. Ednei hatte erkannt, dass er Jesus für sein Leben brauchte. Was ihn an Schuld und Sünde bedrückte, hatten wir betend vor Jesus gebracht und ihm für seine Vergebung gedankt. Es war ihm auch klar, dass Jesus nicht nur der Abladeplatz für seine Sünde war, sondern nun einen Anspruch auf sein ganzes Leben hatte.

Und nun konnte er mir heute, an meinem Geburtstag, noch die Bibelverse sagen, die ihm aus unserem Gespräch wegweisend für sein weiteres Leben geworden waren.

Doch Ednei blieb nicht der Einzige in der Familie, der sein Leben unter die Führung Jesu stellte. Auch seine Mutter, Dona Dorquinha, kam mit der Bitte, Jesus ganz zu gehören, zu mir ins Ambulatorium. Fast alle Tage konnte man sie am Waschtrog laut ihre Jesuslieder singen hören. Das war ein mutmachendes Zeugnis für viele. Dona Dorquinha wurde uns eine gute Stütze in der Frauenarbeit. Sie war sehr geschickt im Nähen und immer zum Helfen bereit. Am Sonntag kamen sie und Ednei selbstverständlich mit der Bibel in der Hand zum Gottesdienst.

Als die Zeit kam und ich meine Zelte abbrechen musste, hatten wir betend überlegt, wie die Arbeit weitergeführt werden könnte. Missionar Kahl war mit seiner Familie schon vor fünf Jahren abgelöst worden. So hatte ich neben der sozialen Arbeit auch die Verantwortung für die gesamte Kirchenarbeit. Also musste ich neue Prioritäten setzen und versuchte, meinen Dienst zu teilen, doch das war auf die Dauer einfach nicht möglich. Es war mir schwer ums Herz und ich hatte Gott um klare Weisung gebeten. Erneut durfte ich erleben, dass Gott ein wunderbarer Planer ist und alles fein zu seiner Zeit tut.

Was in all den Jahren meines Dortseins nicht geschehen war, wurde nun Realität: Der Staat richtete die bereits erwähnte Erste-Hilfe-Station ein und ließ sie ärztlich überwachen. Außerdem wurde – unter anderen – das Krankenhaus in Querencia vom Staat mit Subventionen bedacht, sodass auch arme Menschen die Möglichkeit hatten, behandelt zu werden und dort ihre Kinder zur Welt zu bringen. Das war zunächst ein Prozess, der gewöhnungsbedürftig war für die Leute und manches Stöhnen hervorrief.

Und was die geistliche Arbeit betraf – wir strebten auf allen Stationen schon länger an, Seelsorge und Predigtdienst mehr und mehr in die Hände der einheimischen Brüder und Schwestern zu legen. Schon viele Monate zuvor hatten wir sechs

Jugendlichen die Möglichkeit geboten, einen Bibelkurs zu belegen, der die Frage beinhaltete: „Wie werde ich ein bewährter Mitarbeiter?" Alle sechs hatten den Kurs belegt und auch einen guten Abschluss erzielt. Vier von ihnen erklärten sich bereit, die Jugendarbeit weiterzuführen. Unter ihnen waren auch Ednei und Aginaldo. Auch den Predigtdienst übernahm ein brasilianischer Mitarbeiter.

So wusste ich die Arbeit in guten Händen. Dennoch fiel mir der Abschied nicht leicht. Ich musste meinen Leuten Mut machen zum Durchhalten und brauchte selbst auch ein starkes Herz. Bei meiner Ablösung stimmten sie ein Klagelied an: „Erst nimmt man uns den Vater weg und jetzt auch noch die Mutter unseres Volkes! Wie sollen wir das verkraften?" Doch ich tröstete sie damit, dass ich sie, wenn es Gottes Wille war, in zwei Jahren wieder besuchen würde. Die Wiedersehensfreude war unbeschreiblich groß, sodass sie beim neuerlichen Abschied sagten: „Wir lassen dich gerne wieder ziehen, denn du kommst ja wieder!"

Das ist bis jetzt sechsmal geschehen und hat immer große Freude und Dankbarkeit ausgelöst. In der Zwischenzeit lässt Ednei mich dann und wann am Gemeindeleben teilhaben. Das stärkt die Verbundenheit.

Nachwort

Beim Zurückschauen auf die vielen Jahre meines Missionsdienstes kann ich Gott nur von Herzen danken.

Er führte mich den rechten Weg, auch wenn ich ihn manchmal nicht gleich als den richtigen Weg erkannte.
Er wagte es trotzdem mit mir und gewährte mir immer wieder Vergebung.
Er diente mir zuerst, ehe ich ihm überhaupt dienen konnte.
Er hatte meine Vor- und Zubereitung für jeden Dienst in seiner Hand.
Er zog mich durch alles Erleben hindurch näher zu sich.
Er schenkte mir schon in frühen Jahren Liebe zu seinem Wort ins Herz und lehrte mich Vertrauen und Danken.
Er ließ es nicht an den nötigen Glaubensproben fehlen, die meinem Leben Standfestigkeit und Durchhaltekraft verliehen.

Viele Berichte, die ich in meinen Büchern niedergeschrieben habe, spiegeln nicht die ganze Wirklichkeit wider, weil sich diese nicht in einem Bild einfangen lässt. Man kann keine Zerreißproben, die man bei fehlenden Auswegmöglichkeiten durchlebt hat, fotografieren oder beschreiben.

Wenn ich nachts in eine Hütte gerufen wurde, um eine Frau zu entbinden, und vor lauter Qualm kaum atmen oder etwas sehen konnte und manche Gerüche und Kleinvieh dabei zu verkraften hatte und nur flackerndes Kerzenlicht den düsteren Raum etwas erhellte, hätte kein Fotoapparat diese Situation wiedergeben können. Aber mein Lebensmotto „Um Jesu willen" konnte ich in jeder Lage praktizieren. Darum war es immer ein lohnender Dienst für Jesus.

Dieser geschah in Curitiba (Missionskirche), Ponta Grosse (Missionskirche), Joinville (Krankenhaus), Ortigueira, Candoi (Missionsstationen), Curitiba (Freizeitheim Rogate), Rio das Cobras (Indianerarbeit), Porto Brasilio (Missionsstation) und in den Kinder-, Jugend- und Frauenfreizeiten sowie in einigen Vertretungsdiensten.

Dazwischen lagen die Zeiten der Heimataufenthalte (1961, 1967, 1974, 1980, 1985, 1990), bis ich dann 1993 meinen aktiven Missionsdienst in Jesu Hände zurücklegte mit der Bitte, dass er ihn fruchtbar machen möge für die Ewigkeit.

Die Zeit meiner Heimataufenthalte war mit vielen Reisediensten quer durch Deutschland verbunden. Dadurch sind kostbare Querverbindungen entstanden. In meinem Vize-Mutterhaus in Velbert erfuhr ich „Heimatrechte", für die ich heute noch dankbar bin.

Aber auch unter meinen Schwestern im Osten bin ich keine Fremde geblieben. Die Gebetsbrücke erhielt die Verbindung nach Ost und West lebendig. Darum empfand ich die lange Trennungszeit nicht befremdend und war schnell wieder „zu Hause".

Große Freude erlebte ich jedes Mal bei meinen Besuchsreisen nach Brasilien. Das konnte ich in diesem Buch in den verschiedenen Berichten zum Ausdruck bringen.

Wie konkret durfte ich das Gotteswort aus 1. Kor. 15,58 erfahren: *Wisset, dass eure Arbeit nicht vergeblich ist in dem Herrn.*

Möge Gott dieses Siegel „Nicht vergeblich" noch an manch einem Menschen deutlich werden lassen, dem ich im Laufe der Jahre begegnet bin.

Elbingerode, im März 2008

Wenn Ihnen dieses Buch gefallen hat,
werden Sie auch das folgende Buch mögen

Stephen Lungu, Anne Coomes
Der aus dem Schatten trat
ISBN 978-3-86122-684-0
256 Seiten, Paperback

Rhodesien 1942.

Stephens Mutter ist 14, als sie ihn zur Welt bringt, verheiratet mit einem 40 Jahre älteren Mann. Als er mit 7 Jahren ein
Alter erreicht hat, in dem andere Kinder beginnen, die Welt
zu erobern, verlässt sie ihn und seine beiden Geschwister-
chen und schickt sie auf einen Weg durch die Hölle.
Fortan füllt er seinen Magen mit dem Müll der Weißen und
schläft unter den Brücken der Hauptstadt. Sein letztes Mittel
im täglichen Überlebenskampf ist die Gewalt. Nur bei seinen Waffenbrüdern in der Gang der „Schwarzen Schatten"
findet er Annahme, Treue und eine Religion: die Revolution.
Und bald auch eine besondere Aufgabe, das Bombenwerfen.
Als ein Evangelist in die Stadt kommt, hat er endlich ein
spektakuläres Ziel. Ein Inferno bahnt sich an, als er mit seinen Benzinbomben das Zelt betritt ...
Was dann kommt, ist fesselnder als ein Thriller.